# 幼児理解と保育援助

田代 和美 編著

金澤 妙子
金　瑛珠
守隨 香
村中 李衣
吉岡 晶子
吉川 はる奈　共著

建帛社
KENPAKUSHA

# はじめに

　本書は，幼稚園教諭免許法施行規則に定める「幼児理解の理論及び方法」と「教育相談（カウンセリングに関する基礎的な知識を含む）の理論及び方法」，及び児童福祉法施行規則に定める保育士資格取得に必要な「保育の対象の理解に関する科目」に対応するテキストとして使うことを想定して編集した。

　保育とは，生身の人間同士がお互いを表現しあい，理解しあう中で営まれていくものである。しかし昨今では，保育者になろうとしている学生自身が人とのかかわりに神経を使い，自分を表現することを控えようとする傾向も見られる。そこで，本書では学生自身が自分の感情に気付いたり自己表現することを通して，理解したり理解されたりすることの心地よさを実感してもらえるようにワークを取り入れた。また，頭だけで考えて，幼児理解は難しいと感じて終わりになることのないように，学生や子どもたち，そして保護者としなやかに，そして楽しい工夫を凝らしながらかかわっている執筆陣が，たくさんの事例を通して，できるだけ子どもや保護者の思いを感じとれるように努めた。

　養成機関での学びの時間は，実習での体験も踏まえて，子どもや保護者の理解だけでなく，自分自身の理解についてもじっくり感じたり考えることができる貴重な時間である。本書を通じて，その貴重な時間を共に歩めればと願う。

2010年2月

　　　　　　　　　　　　　　　　　　　　　　　　編者　田代 和美

# 目　次

**第1章**　オリエンテーション ……………………………………(田代)……*1*

**第2章**　この世界に生きることの不思議を理解するワーク
　　　　：くつしたのはらを育てる ………………………(村中)……*3*
　1．これから始まること …………………………………………*3*
　2．ワーク：くつしたのはら ……………………………………*4*
　　　（1）準備するもの　*4*
　　　（2）ワークの手順　*4*
　　　（3）ワークの発展　*5*
　　　（4）ワークをふりかえる　*6*
　　　（5）梅光学院大学子ども学部でのワークのふりかえり　*8*
　　　（6）さらに学習を深めたい人のために　*9*

**第3章**　この世界でつながって生きることの喜びを理解するワーク
　　　　：絵本の読みあいを体験する ……………………(村中)……*11*
　1．これから始まること …………………………………………*11*
　2．ワーク：絵本の読みあい ……………………………………*13*
　　　（1）用意するもの　*13*
　　　（2）ワークの手順　*13*
　3．読みあいとは何か ……………………………………………*17*
　4．さらに学習を深めたい人のために …………………………*18*

**第4章**　私を生きることの意味を感じあうワーク
　　　　：見えない絵本を語る ………………………………(村中)……*19*
　1．これから始まること …………………………………………*19*
　2．ワーク：見えない絵本を語る ………………………………*20*
　　　（1）用意するもの　*20*
　　　（2）ワークの手順　*20*
　3．ワークをふりかえる …………………………………………*22*
　　　（1）見えない絵本の意味　*22*
　　　（2）さらに学習を深めたい人のために　*24*

**第5章**　幼児理解と援助に必要なこととは ……………………(田代)……*25*
　1．はじめに ………………………………………………………*25*
　2．乳幼児の理解を考える前に …………………………………*26*
　3．援助を考える前に ……………………………………………*29*

4．幼児理解と援助に必要なこと ……………………………………… 32
第6章　**幼児理解と援助の手がかり** ………………………………(田代)……**34**
　　1．保育者の専門性としての理解と援助 …………………………… 34
　　2．理解と援助の手がかり ……………………………………………… 38
　　　　（1）「を」と「と」から考える理解と援助　39
　　　　（2）位置から考える理解と援助　39
　　　　（3）理由や思いを理解する手がかり　40
　　3．関係性や状況で変わる理解と援助 ……………………………… 42
第7章　**乳児期の子ども理解と援助**
　　　　**：かみつきを通して考える** ……………………………(守隨)……**44**
　　1．乳児の人とのかかわり ……………………………………………… 44
　　　　（1）人の子は無防備に生まれる　44
　　　　（2）特定のだれかへの愛着　45
　　　　（3）大好きな人の輪が広がる　45
　　　　（4）子ども同士の出会いとかかわり　46
　　　　（5）身体の発達と人とのかかわり　47
　　2．事例を読みとくための視点 ……………………………………… 48
　　　　（1）乳児の立場から出来事の意味を理解する　49
　　　　（2）乳児のかみつきと保育者の援助　50
　　　　（3）保育者と親の関係　51
第8章　**乳児期の子ども理解と援助**
　　　　**：食事について考える** …………………………………(守隨)……**53**
　　1．保育園の給食 ………………………………………………………… 53
　　2．食べることの意味 …………………………………………………… 56
　　　　（1）学生のディスカッション事例　56
　　　　（2）ディスカッション・ゲームの流れ　57
　　　　（3）主張の融合　59
　　　　（4）食事を楽しむとはどういうことなのか　59
　　3．食事の援助 …………………………………………………………… 60
第9章　**乳児期の子ども理解と援助**
　　　　**：友達について考える** …………………………………(守隨)……**62**
　　1．「友達」という意識 ………………………………………………… 62
　　2．友達のいる生活 ……………………………………………………… 67
　　　　（1）友達との関係を軸に発達が促される　67

　　　　（2）「おそろしき2歳」の面白さ　*69*

第10章　**幼児期の子ども理解と援助**
　　　　**：配慮が必要な子どもについて考える** ……………（金）……**70**
　1．事例を通して，「読み取る」ことの大切さを考える ………*70*
　　　　（1）タイスケの行動を止める方法とは　*70*
　　　　（2）どう読み取るか　*71*
　2．見通しをもって援助する大切さを知る ………………………*74*

第11章　**幼児期の子ども理解と援助**
　　　　**：保育所の事例** ………………………………………（金澤）……**79**
　1．子ども理解と援助の関係 ……………………………………*79*
　2．様々な場面に見る理解と援助 ………………………………*80*
　　　　（1）食　事　*80*
　　　　（2）排　泄　*82*
　　　　（3）午睡（昼寝・休息）　*83*
　　　　（4）衣類の着脱　*84*
　　　　（5）みんなでする活動　*86*
　　　　（6）異年齢のかかわり　*86*
　　　　（7）好きな遊びをする　*87*
　3．子ども理解と援助を規定するもの …………………………*88*
　4．保育者の見る目の自覚化と検討 ……………………………*89*

第12章　**幼児期の子ども理解と援助**
　　　　**：幼稚園の事例** ………………………………………（吉岡）……**91**
　1．はじめに …………………………………………………………*91*
　2．受け止める・伝える・つなぐ援助 …………………………*91*
　3．イメージを探る・モデルとなる・共に感じて支える援助 …*94*
　4．友達・仲間との生活・遊びの充実を支える援助 …………*97*
　5．見守り，共に歩む援助 ………………………………………*99*
　　　　（1）お店登場　*99*
　　　　（2）年長さんとのお店　*100*
　　　　（3）みんなでお店屋さん　*100*
　　　　（4）廊下で開店　*101*
　6．ふりかえること ………………………………………………*102*

第13章　**保育の場での保護者理解をめざした援助** ……………（吉川）……**103**
　1．保護者と初めて出会うとき …………………………………*103*

　　　　（1）家族が歩んできた歴史に敬意を表す　*103*
　　　　（2）保護者にとっての「入園」の意味を理解する　*105*
　　　　（3）家族の中での子どもの姿を教えてもらう　*105*
　　2．保育者としての保護者理解 ……………………………………*106*
　　　　（1）保育者としての立ち位置を認識する　*106*
　　　　（2）保護者の子育て意識を知る　*107*
　　　　（3）主体的存在としての保護者と向きあう　*108*
　　3．保育者としての成長の過程 ……………………………………*108*
　　　　（1）保護者とのかかわりから保育者としての新たな自
　　　　　　分を知る　*108*
　　　　（2）保護者に伴走する　*109*
　　4．生涯発達過程の一時点にある意識 ……………………………*109*
　　　　（1）成長する主体として保護者を捉える　*109*
　　　　（2）次のフィールドにつなぐ　*111*
　　　　（3）循環型社会の意識をもつ　*111*

**第14章　保護者理解をめざした援助の実際** ………………（吉川）……**113**
　　1．母親の不安を受け止めて ………………………………………*113*
　　　　（1）子どもの心身発達の状態を確認する　*114*
　　　　（2）母親が主体者になれる場を提供する　*115*
　　　　（3）援助のしかたを変えていく　*116*
　　2．母親と協力して …………………………………………………*117*
　　　　（1）子どもの問題行動ではなく発達特徴を捉える　*118*
　　　　（2）保育観・育児観を伝えあう　*119*
　　3．おわりに …………………………………………………………*120*

**第15章　受け入れがたい行動の理解と援助のために** …………（田代）……**121**
　　1．学生の実習での事例から ………………………………………*121*
　　2．受け入れることと受け止めることの違い ……………………*122*

# 第1章 オリエンテーション

　このテキストでは，幼児を理解することと援助すること，及び保護者を理解することと援助することについて学んでいく。幼児理解と援助は，保育者にとって基本中の基本であると私たちは思っている。しかし例えば，子どもを理解して援助するってどういうこと？と聞かれたら，答えるのは結構難しい。

　子どもたちが思っていることを分かるようになりたいけれど，私たちはもう幼児ではない。小さな彼らが私たちのことをどのように見て，思っているのかは本当のところは私たちには分からない。でも私たちは皆，かつては子どもだった。幼児理解と援助について学ぶ前に，ここで，あなた自身が辿ってきた道を少し振り返ってみよう。幼いころを思い出してみてほしい。どんな光景が思い浮かんでくるのだろう。あなたはどんな遊びをしていたのだろう。うれしかったこととして思い出されるのはどんなことだろう。怖かったものは何だったのだろう。どんなことで叱られたのだろう。大人に秘密にしていたことはどんなことだったのだろう。

　ワクワクしたり，ドキドキしたり，笑い転げたり，泣いたり，そういう体験を積み重ねて私たちは大きくなってきた。効率だけを大切にする人から見たら，無駄に見えるような体験を積み重ねる中で，私たちの生きていくエネルギーははぐくまれてきた。子ども時代は大人になるための準備の時間ではなく，子どもとして生きる大切な時間である。子どもが育つ傍らにいる大人は，子どもたちの姿に自分を重ねながらその時間を一緒に過ごすことで，何度でもその時間を生き直すことができるのだ。

　小さかったあなたは大人をどのように見て，大人にどうあってほしかっ

たのだろうか。幼稚園や保育園のころ，小学生のころ，あなたが大好きだった大人はだれで，それはどのような人だったのだろうか。その人を思い出すとどのような場面や出来事が思い浮かぶだろうか。逆に好きではなかった大人はいただろうか。その大人を好きではなかったのはなぜだろうか。

　子どもたちの育ちにかかわる大人としてのあなたの出番がすぐそこまで来ている。それぞれが分かってもらえた体験や分かってもらえなかった体験を重ねて大人になってきた。保育者になるということは，それらの体験を踏まえて，自分の中にまだ生きている子どもを呼び覚ましながら子どもの思いを分かろうとして，子どものより良い育ちを願ってかかわる人になるということである。保育者という仕事は，育とうとするエネルギーに充ちた子どもたちと一緒に過ごす楽しさの中で，想像の翼を羽ばたかせ，子どもたちのより良い育ちを願って工夫を施すことができるクリエイティブで奥の深い仕事なのである。そのための一歩として，想像力や感情や知性を総動員して，幼児理解と援助について学んでいこう。

 **課　題**

1. あなたは子どもたちとの生活の中で，どのような人でありたいと思っているのかを文章にしてみよう。
2. 保育者とは，子どもと保護者にとってどのような役割を果たす人だと思うかを文章にしてみよう。

# 第2章 この世界に生きることの不思議を理解するワーク：くつしたのはらを育てる

## 1 これから始まること

　あなたが生きていることの意味を確かめるということは，あなたではないものたちが生きているということの意味を確かめることでもある。教育の現場では，「いのちの教育」が叫ばれて久しい。しかし，五感を通して「いのち」を実感する手立ては，意外に少ない。

　本章では，文字どおり，自分の「目」と「手」と「足」を動かして，この世界のいのちの成り立ちに触れてみることにする。

〈幸福の場所〉

　野原や田んぼのあぜ道，校庭の隅で，友達と競って四葉のクローバーを探したことがあるだろう。なぜ四葉のクローバーを見つけようとするのか？　それは，四葉のクローバーが幸福の象徴とされているからだろう。では，なぜ，四葉が幸福を意味するのか？　実は，通常3枚葉のシロツメクサが，何かの拍子に踏まれたり折られたりして，葉っぱの裏側にある生長点が傷つけられた時，その再生の様として新しく出てきた葉っぱが4枚目の葉，つまり人々が「幸福」と呼ぶものの正体なのだ。宗教家セント・パトリックは，クローバーの1枚目を「愛」，2枚目を「祈り」，3枚目を「希望」，そして，一度踏まれ傷ついた後に生まれた4枚目の葉を「幸福」と名づけたという。

　幸福を求めない人は，恐らくいないはずだ。しかし幸福は待っていても訪れない。自分を問い，悩み，傷つくことを恐れずそこから立ち上がるこ

第2章　この世界に生きることの不思議を理解するワーク

とによって，得られるのだ。野原にあるたくさんのいのちの営みは，そんなことを静かに教えてくれる。

さぁ，ひとまずテキストやノートは机の上に残して，野原に出よう。

## 2 ワーク：くつしたのはら

### （1）準備するもの
・古いくつした（1人に1足）
・植木鉢（1人に1個）
・土
・はさみ
・野原を散歩できる体力
＊ワークの日は，ミュールやかかとのある靴は履いてこないように。

### （2）ワークの手順

　まず，靴の上から，持ってきた古くつしたを履こう。そして，みんなでわいわいがやがや言いながら，野原まで散歩。野原に着いたら思いっきり遊ぼう。仲のよい友達とじゃれあったりしてもかまわない。野原にいる時間は特に決めなくてよい。

　大学に戻ったら，くつしたを脱ぎ，足の裏の形に添って，くつしたをはさみで切り取る。切り取ったくつしたをあらかじめ土を入れて用意していた各自の植木鉢に，植える。この時，地面を踏んだ側を上にして，よく広げておこう。その上にそっと土をかぶせて，水をやって，できあがり。

　あとは，植木鉢の外側に「早く芽を出せ！」とか「わたしのかわいいくつしたちゃん♪」等と，自由にオリジナルのメッセージを記して，自分の〈くつしたのはら〉が育つ過程を見守るのみ。この見守りの期間，観察日記をつけたり，最初の芽が出た瞬間に，その感動を詩にしてみる，というような試みもよい。

　約1週間足らずで芽が出る植木鉢もあれば，いつまでたっても芽が出て

きそうにない植木鉢もある。しかし，どんなにのんびりした植木鉢でも2か月もたてば，必ず愉快な芽吹きを見せてくれる。なかには菌類が生えてくる場合もあり，その意外な展開も見逃せない。

### (3) ワークの発展

#### 1)『雑草のくらし』(甲斐信枝　福音館書店) を読む

　この絵本は，作者甲斐信枝が，5年間，同じ空き地で，雑草が生え，伸び，実を結び，やがて枯れ，その機会を待っていたかのように，下生えの草草が勢いをつけて伸びはじめるというような「いのちの攻防戦」をひたすら観察し，描き続けたものである。

　この絵本を読みあっていくと，私たちの気付かない場所で，自分たちの子孫を残すために，必死に循環ドラマを繰り広げている雑草たちの営みに心動かされる。その，植物の知恵が絡みあった時間こそが「くらし」なのだ。また，雑草という名前の草は，ひとつもないことにも気付かされる。

　もし，自分の踏みつけた草草を思って「かわいそうだ」などと思ったら，大間違い。踏まれることによって，くつしたにくっついて，新天地を探し，そこに芽吹こうとする。植物の強い生命力と子孫を残すための知恵にこそ感嘆すべきなのだ。

#### 2) 子どもたちと一緒に「くつしたのはら」をつくる計画を立ててみる

　幼稚園教育要領及び保育所保育指針の「5領域」をつなぐ実践として，この「くつしたのはら」を考えてみる。

　子どもたちはまず，靴の上にくつしたを履くという設定の面白さに反応する。日常的な決まりごとをくつがえす試みへのワクワク感を引き出す導入が求められるだろう。

　次に，ぶかぶかのくつしたを履いて歩くということへの安全の配慮も必要となってくる。年少児と試みるような場合は，両足に履かせるのでなく，片方の足だけにした方が，歩きやすい。

　くつしたの底を切り取るという作業も，年少児の場合は，はさみを安全に使えるかという心配があるので，切らずにそのまま埋める方法を考えて

もよい。

　「くつしたからめがでてくる」という言葉自体が子どもから引き出す空想力を大切にする。子どもの中には，「くつしたから目が出る」とイメージして，どんな目が飛び出すのか？と考える場合もあるだろう。事実，ある幼稚園で実践したところ，1人の男の子が「おかあさんのくつしたから目が飛び出すなんてぜったいいやだ！」と，植木鉢に植えたくつしたの上からぎゅうぎゅう土をかぶせ，押さえ込んでしまったために，この子の植木鉢からだけいつまでたっても芽が出なかったというエピソードがある。この男の子は，その後，1人でこっそり植木鉢の土を掘り返し，自分の埋めた紺色のくつしたから，土の上に出ることはできなかったが，小さく無数に出ている雑草の芽たちを発見し，「よくがんばったね」とねぎらいの声をかけた。その子にとって，表面には現れなかったが，土の下でちゃんと生まれていた1つの「いのち」と向き合うことは，大きな成長となった。

　この事例のように，子どもたちが，自分の歩みによって連れてきた雑草の種が（あるいは胞子が），植木鉢の中で育つ様子を観察することによってどんな心の成長を遂げるのか，見守る体験を想定してほしい。[1]

## （4）ワークをふりかえる

　ふりかえりの視点として，以下のようなことが考えられる。

**1）まず，「くつしたを履いて野原を歩きましょう」と言われた時，どんな気持ちがしたか**

　恐らく，なんだか面白そうと思った人ばかりではないだろう。面倒くさい，ばかばかしい，意味が分からない…などと心の中でぼやいた人もいるのではないだろうか。はっきりと目的が見えないもの，分からないものに向かって進むことを拒む気持ちが生まれたのは，いつごろからだろうかと，各自思い起こしてみる。小さな時は，目的の見えない，分からないことに向かって，夢中で進んでいたのではなかったか？　その気持ちが消えていったのはなぜだろうか？

**2）野原を踏みしだいたくつしたを植木鉢に埋め終わった時，思わず心の**

中でつぶやいた言葉は，なかったか

「早く芽が出ますように」とか，「元気に育てよ」とくつしたについてきているはずの見えない種や胞子たちに向かってつぶやいた人は，さらに考えてみよう。今まで，道端に生えている雑草に向かって声をかけたことがあっただろうか？ アスファルトの隙間から小さな芽を出す草花に向かって「がんばれよ」と励ましの声をかけたことがあっただろうか。

今まで自分の人生に何のかかわりもなかった小さな雑草の芽吹きが，こんなに自分にとって身近な存在に感じられ，あたかも「自分の種・胞子」のように思えてきたのは，なぜだろう。

**3）他者の植木鉢と自分の植木鉢を見比べながら，早く芽が出ないかなと待つ気持ちはどんなだったか，待っている間にどんなことを思ったか，みんなで自由に語りあってみよう**

この実践をした子どもたちは，自分の植木鉢だけにせっせと水やりをしたり，こっそり飴玉をあげたり，ごはんつぶをあげたりといった秘密の行動に出ることが多い。自分とかかわりをもったものをいとおしく感じ，手入れをしようとするのはごく自然な気持ちだろう。でも，その手入れが必ずしも他者より抜きん出た結果を生むとは限らないのが，自然界の営みの面白さ。人間の思い入れと自然の成り立ちの関係に思いを寄せてみよう。

また，努力してもなかなかはかばかしい結果が得られないことを「芽が出ない」と表現することがある。この言葉のもつ意味を，自分の「くつしたのはら」体験と重ねて，もう一度考えてみよう。

**4）雑草の芽が伸びていく様子を観察しながら発見したことを，互いに伝えあってみよう**

とても仲のよい友達同士，同じ野の道を手をつなぎあって歩いたとしても，互いの植木鉢から同じ芽が出るとは限らない。自分の人生はオリジナルで，だれのものでもないということを，植木鉢の中に繰り広げられるくつしたのはらの分布地図を眺めながら，じっくりと心に刻んでほしい。

## （5） 梅光学院大学子ども学部でのワークのふりかえり

　入学して2か月が過ぎた6月，子ども学部の1年生約80名は，こぞって，古くつしたを履いて，歩いて10分のところにある戦場ヶ原に散歩に出かけた。入学以来体験重視のカリキュラムに，彼らの口から連発される言葉は，「意味分からん」「こんなことして，何になるんですか？」意味は自分で見つけるもの。何になるかならないかも，自分次第。でも，そのことが，彼らにはまだ分からない。

　さて，散策を終え，足の裏型にじっとり湿ったくつしたの様子をじっと見やりながら，「何だか種を踏みつけて連れてきたなんてかわいそう」などと感傷的なつぶやきをする女子学生が現われた。その言葉に，「ばか言うな。踏まれることは，新天地で生きるチャンスなんだ。おまえみたいなことを言ってたら，鳥に食べられてうんこになって地面に落とされるのを待ってる木の実はどうなるんだよ。あれも，うんこにまみれてかわいそう，ってか？」とすかさず反論する男子学生が現れる。「ねぇねぇ，あたしたちについてきた雑草って，たぶん，あの野原でぴょんぴょん伸びてたやつらじゃなくて，たぶん，伸びてたやつらの日陰で，自分たちの時代がやってくるのを待ってたやつらだよね。でなかったら，踏んづけられないもんね」と，思いついたように発言する学生もいた。

　A子とN子は，大の仲良しで，いつも一緒に行動。当日も手をつないで散策していたが，植木鉢に最初に芽が出たのはN子の方。同じように陽当たりのよい場所に並べて置いた植木鉢。同じように水やりも欠かさなかったが，N子の植木鉢でぐんぐん伸びていく複数の芽とは対照的に，A子の植木鉢からは，いつまでたっても，なかなか芽が出なかった。

　でも，7月の半ば，突然A子の植木鉢にぷっくりとしたつやのよい芽が顔を出した。その時の感激を，A子はこう綴っている。

　「他者の幸福を横目でうらんでも，自分の不幸をのろっても何の意味もない。大切なのは自分の人生を自分で引き受けて生きるということ。そこにしか，自分なりの喜びは生まれない。そう私のくつしたから生まれた小さないのちが教えてくれた」。

くつしたのはらは，4年間を経て，ぐんぐんどんどんその世界の新しい展開を見せた。1つの植木鉢と別の植木鉢の間の草草をクモの巣がつないだり，雑草が繁りすぎて植木鉢からはみ出してしまい，地面に領土を広げたものもある。4年の間に，いくつもの雑草が枯れ，そのあとに，新しい芽が出，また，虫が卵を産み，その卵をねらってほかの虫が訪れ，植木鉢のあるキャンパスの一画は，さながら自然植物園のようになった。

卒業前，この植木鉢をながめ，「いちばん最初の，たった1つの芽がこの植木鉢から顔を出した時，どんなにうれしかったか。『ようこそ！』って思わず叫んだあの気持ち，忘れたくないな。でも，4年たったら，こんなたくましい姿になるのね。もう私の『頑張れ』なんて声，いらないほど自由で元気な野原がここにあるわ。きっと子どもも一緒だね。信じて待って，そして，あとはその成長を楽しんで見守るだけだね」と語ってくれた学生がいる。「意味分からん」とつぶやいた日から4年間を経て，1人ずつの心の野原に，気持ちのよい風が吹きはじめたようだ。

## （6）さらに学習を深めたい人のために

自然界の営みの不思議を子どもにも分かる言葉で伝える絵本を読み味わっておこう。

1）『**がぶりもぐもぐ**』（ミック・マニング＆ブリタ・グランストローム　藤田千枝訳　岩波書店　1999）

ある晩，土の中から1本の小さな芽が頭をもたげて，その芽をねらっているイモムシ，イモムシをねらっているキリギリス，そのキリギリスをねらっているクモ，トカゲ…と次々に食物連鎖のドラマが繰り広げられる。最後に，その鎖は人間にあずけられるのだが…食物連鎖の輪からはみ出そうな現代の人間の営みを反省することにもなる1冊。

2）『**すくすくのはら**』（近藤薫美子　アリス館　2001）

私たちが見落としそうな自然界のミクロな営みが，どんなふうに絡みあい拮抗しあって，この地球を支えているのかが，画面いっぱいに描かれ，展開していく。近藤薫美子が描く小さな動植物たちの世界には，ほかに『か

まきりっこ』『つちらんど』『のにっき』『たねいっぱいわらったね』『はらっぱハウス』（いずれもアリス館）などがある。

　3）『**はるにれ**』（姉崎一馬　福音館書店　1981）

　北海道の大地に立つ1本のはるにれの木を春夏秋冬追い続けた写真絵本。1つの場所にすっくりと立ち，あらゆるものどもの移ろいをひたすら黙って受け止めているようなそのたたずまいに，時を超えて生きることの意味を教えられる。

　4）『**やんばるの森がざわめく**』（本木洋子 文　高田三郎 絵　新日本出版社 2001）

　沖縄から環境を考える本として誕生した。壊されていく沖縄やんばる地方の森の問題と，森を守ろうとする人間の葛藤のドラマが，山と海への祈りの祭りをはさんで繰り広げられる。

　5）『**はるのたんぼ**』（菅原久夫　高森登志夫　福音館書店　1984）

　春の田んぼに顔を出すいろいろな草花の様子が，実にいきいきと描かれる。表面的に追うことのできるストーリーはないのだが，田んぼの土のふくよかさ，そこに流れる水やそこで黙々と作業をこなす人間の力強さなどが，読者をひきつける。

■注
1）村中李衣 作　こやまこいこ 絵：くつしたのはら　日本標準　2009
　　（ここに紹介したワークの実践例を創作絵本の形で紹介している。）

# 第3章 この世界でつながって生きることの喜びを理解するワーク：絵本の読みあいを体験する

## 1 これから始まること

　幼稚園や保育所で，子どもたちにかかわろうとする人なら，だれでも，絵本は大切だ，と思っているはず。でも，どう大切なのか，学びの始めにもう一度考えてもらいたい。

　子どもは，経験値が低いから，絵本の中の物語を通して，この世界の広さやすばらしさを感じてほしい…もちろん，それも，目的の1つだろう。

　絵本の中に描かれている物語に涙したり手をたたいて喜んだり主人公を応援したり，登場人物の思いに共感することで，感性が養われる…これも，よく言われることで，そのとおりだ。

　ビデオやDVDと異なり，人間の声を通してナマの文化財と触れあうすばらしさを味わってもらう…そう，確かにナマであることがとても重要な要素であることに間違いない。でも，もう一歩踏み込んで考えてほしい。「人間の声」でなく，あなたに絵本を読んでもらう子どもが出会うのは，紛れもない「あなたの声」なのだ。そして，ナマとは，絵本本体のことだけを言うのではなく，昨日でも今日でもない今この瞬間に子どもとあなたが出会い，つくりあっている，この「場」のかけがえのなさのことを意味しているのだ。そして，絵本を真ん中にして，この「場」のかけがえのなさをかみしめ，大切に子どもと生きあう試みのことを「絵本の読みあい」と言う。

　今回のワークは，絵本を通してあなたと私が，かけがえのない場をつくりあうということの深い喜びを実感してもらうことがねらいだ。この実感

があれば，専門技術を習得する段になって，「この絵本はどう読めばいいの？」などと，あわてふためく必要がなくなるはずだ。

### 〈幸福な記憶〉

　最近はおしゃれな街の雑貨屋さん等に，1つのファッションのように絵本がコーナーの一角を飾っている。そんなお店でのある日の風景。白い穴あきTシャツに，黒い皮のベストをはおり，指にも腰にもジャラジャラとシルバーのアクセサリーを着けた青年が，似たようなファッションのきゃしゃな女の子と店内を見回していたのだが，突然男の子が，「あ，おれ，これ知ってる。ガキの頃，おふくろに読んでもらった！」と，棚の『はらぺこあおむし』を手にとった。

　実になつかしそうにページをめくり，「そうそう，こいつ，めっちゃ食うんだよな。で，このサクランボパイとチョコレートケーキとカップケーキと…ってとこ，すんげぇうまそうなのに，おふくろはざーっと早口で読むんだ。おれは，ここ好きだから，もっとじっと見ていたいのに，それを知っててわざと早口に読む。ほんっと，ひーさしぶりだなぁ」。

　青年の夢中でしゃべる横顔を女の子はニコニコ見つめながら，「何だか，かわいいー。そういうとこ，好きだよ。ふふっ，あんたのこのTシャツも，穴あき絵本みたいだね」。

　私は，この他愛ない会話を聞きながら，幼いころだれかに絵本を読んでもらうという経験が残すものは，「幸福の記憶」なのだと確信した。このアクセジャラジャラ青年の心には，母親の本読みの上手下手とか，作品のテーマ云々でなく，おいしそうでたまらなかった1場面を，ちょっとからかい気分の母親と共有しあった思い出が，しっかりと残っていたのだから。

　さぁ，あなたも，日ごろのテキストは机の中にしまって，大切な仲間と共に絵本の読みあいを体験してみよう。

## 2　ワーク：絵本の読みあい

### （1）　用意するもの

ワークの最初から用意するものはなし。
途中から，紙と鉛筆。

### （2）　ワークの手順

#### 1）読みあいペアづくり

まず，読みあいペアをつくる。このペアづくりで大切なことは，どんなささいなことでもいいから，何らかの〈意味〉があって，ペアになったのだと思えるような仕掛けを考えること。

例えば，参加者全員と握手しながら自分の今の心の色を伝えあう。そして，全員と握手した後，無言で，同じ心の色をもっていた人と手をつなぎ2人ペアになる。心の色でなく，好きな動物や野菜や花等を用いて，共通項をもったペアとしてもよい。

このペアづくりでは，たいてい，「私と同じ色（動物，野菜，花などなど）の人がいません」という者が出てくる。その人たちは，「今しばらくさみしい人々」と称して，前に出てきてもらい，同じ色同士でなくても組みあわせると何かのイメージが生まれるように自分たちで考えて，再度のペアリングを試みる。例えば，緑と白で「メロンソーダフロートコンビ」とか，赤と黒で「情熱のバラコンビ」とか，多少のユーモアがここで加わることにより，ペア同士のつながり感が高まり，仕方なく残り者同士でペアを組まされたという思いを払拭させることが大事。

上に述べた工夫は，単なる応急措置でないことを心に留めておいてほしい。人とかかわる営みには，表面的なずれが生じることがしばしばある。それを心のもち方で新しい関係づくりに変えていく知恵が，いつも瞬時に求められているのだ。

## 2）読みあい探偵シートの作成

　ペアと向かいあって，いろいろな会話をしながら，相手にはどんな絵本が向いているかを考え，読みあい探偵シートに記入していく。読みあい探偵シートとは，その手がかりとなる相手の言葉や反応を自由に記録するものだ。

　ここで，また，じっくり考えてほしい。相手にどんな絵本を読んであげたいか，あるいは，相手と一緒にどんな絵本を楽しみたいのかを考える時，まだよく知らない相手にどんなことを尋ねるとよいのだろうか？　また，相手は，あなたが尋ねてくる様子から，「ははぁん，この人って，〜な人だなぁ」と感じ取るかもしれない。そう考えると，よくある自己紹介のような「血液型は？」とか「どこのご出身ですか？」というような質問が本当に読みあいにとって必要なのかどうかも，考え直してみるといい。もちろん，ご当地絵本を読んであげたいと考えるなら，出身地を聞くことも，悪くはないけれど。

　例えば，「好きな花の名前を5つ言えますか？」という質問を試みたとする。その時，相手が即座にきっぱり，「はい，言えます」と答えておしまいになる可能性もあるし，「え〜と，ちょっと待ってね…」と上を向いて考えながら指を折り，「チューリップでしょ，それに，スズラン，コスモス…」と答えるかもしれない。その答えてくれているしぐさ1つ1つも重要な情報になるはずだ。

　相手の存在を深く自分の心にすまわせてみることで，その相手に届けたい絵本が見つかってくる。うんと外側にいるだれかに読み聞かせるのではなく，自分の心の中に息づいている大切なだれかに似合いの絵本を選んでみるという経験は，これから，保育・教育の現場に出ていくあなたにとって，貴重なものになるはずだ。

## 3）　読みあう絵本を見つける

　読みあい探偵シートをもとに，あなたとペアの相手を結ぶ1冊の絵本を見つけよう。幼かった頃自分が読んだ記憶をたどって選ぶものよし。図書館に出かけ，片っ端から読み漁り，1冊に絞り込んでもよし。表紙を見て

## 2 ワーク：絵本の読みあい

「これだ！」と直感した自分を信じてもよし。大切なのは，ひたすらペアの相手のことを想う時間がそこにある，ということ。

### 4）絵本を読みあう

いよいよペアの読みあい開始。どちら側からでも構わない，読みあう場所も2人で相談して決める。キャンパスの芝生で読みあってもいいし，教室の机の下にもぐって，2人で読みはじめてもいい。心地よい読みあいの場所を2人で決めるということも，読みあいの入り口に2人了承しあって立つということなのだ。

本の持ち方，開き方，声の出し方等は，このワークでは一切問わない。2人で，気持ちの良いように読み進めるのが大事。

### 5）読みあいシートの記入

2人別々にシートを記入する。自分が相手に選んだ絵本の読みあいについてと，相手が自分のために選んでくれた絵本の読みあいについての2つを，分けて記入する。それぞれの絵本の読みあいについて記入する項目は以下のとおり。

〈読みあいシート〉
- あなたがペアの相手に選んだ絵本『　　　　　』
- あなたが『　　　　　』を読みあいに選んだ理由
- あなたが『　　　　　』を読んでいる時，ペアの相手はどんな様子でしたか？
- あなたは『　　　　　』を読んでいる時，どんなことを感じたり考えたりしていましたか？
- 読みあいを終えた今，『　　　　　』についての感想

- あなたがペアの相手に読んでもらった絵本は『　　　　　』
- 相手があなたに『　　　　　』を開いて見せてくれた時，まっさきに思ったことはなんですか？
- 相手があなたに『　　　　　』を読んでくれている時，あなたは，どんなことを考えたり感じたりしていましたか？

・相手はあなたに『　　　　　　　』を読んでくれている時, どんな様子でしたか？
・読みあいを終えた今,『　　　　　　　』についての感想

### 6）読みあいシートの確認

　ペアで, 互いが書き込んだ読みあいシートを突きあわせ, その共通点と相違点を確認しあう。この時初めて, 相手がどんな気持ちで自分のためにその絵本を選んでくれたのか, また読んでくれている時, どんな気持ちでいたのかを知ることになる。2枚のシートを突きあわせてみると, 2人が同じ気持ちでいたことや, 相手に届くといいなと思って読んでいた気持ちがしっかりと相手に受け止められていたことが分かり, それがことのほかうれしい自分に気付く。また, 自分は声に出して読んでいる時,「心臓がバクバク破裂しそうだった」のに, 相手には「落ち着いてゆっくりと私の反応を確かめながら読んでくれた」ように受け止められていたりというような意外性も,〈すれ違い〉でなく, 自分の無意識の思いを相手がすくい上げてくれていた, という発見になる。
　絵本を挟んで2人でつくりあげたかけがえのない「場」をふりかえりながら, 自由に話しあってほしい。

### 7）あなたへのラブレター

　何かの縁があって出会ったペア。同じ物語世界に遊ぶひとときを過ごしたことで, これまでとは異なるつながりが生まれたはずだ。そんな相手に感謝の気持ちをこめて, ラブレターを書いてみる。
　自由記述にすると, 何となく身構えてしまったり, 仰々しい感じになったりすることがあるので, 敢えて穴埋め式で。
以下は, その文例。
〈私から～さんへのラブレター〉
　もしも～さんがひとりぼっちでどうしようもない時があったら, そしてその時, ～さんの周りに, そのことを打ち明けるだれかがいなかったら, どうか私のことを思い出してほしい。

その時，私，うまくはないかもしれないけれど「　　　　　　　」を歌ってあげる。下手でもちゃんと歌ってあげるよ。

それから，もし，あなたが何も食べていないようだったら，「　　　　」をつくってあげるよ。とびきりおいしいやつをね。

それからそれから，もし，そのころ，私に自由になるお金があったら，あなたを「　　　　　　」へ連れていってあげる。ほんとだよ。そこで，2人で「　　　　　　　　　」しようよ。

でも，たぶん私は，そのころになっても，今と大して変わっていなくて，歌も料理もお金も，いまいちかもしれない。でも，これだけは覚えておいて。何がなくても，何ができなくても，あなたがほんとうに苦しい時には，精いっぱいの気持ちで「　　　　　　　　」してあげる。約束するよ。

＊このラブレターをもらったからといって，ペアの相手に救いを求めることは，たぶん現実ではないだろう。でも，自分には，ひととき，本気でこんなふうに考えてくれる他者が傍らにいた，そんなふうに思ってもらえる自分だったのだ，ということが支えになるはずだ。このラブレターを，そんなゆるやかな自己肯定の証として保管してもらいたい。

## 3　読みあいとは何か

高度情報化社会となった今，自分に必要な情報をいかに効率的に取り込めるかが人生成功の鍵のように思われがちだ。しかし，それは，いっとき必要ではあっても，生涯自分の心に残すものではない。ほんとうに必要なやりとりとは，効率とはおよそ無縁な，相手の存在を自分の心にすまわせる，そして，相手の心の中にも自分という存在をすまわせてもらうゆっくりとした営みの過程であろう。

読みあいのワークを経験したある学生は,「こんなまどろっこしい，でも，そのまどろっこしさが，むずがゆい感じでうれしいコミュニケーションがあることを初めて知りました。大学生になってこんなこっぱずかしいこと

を大まじめにやれたのも、絵本が傍にいてくれたからだと思います」と伝えてくれた。「絵本がいてくれる」、なんとあたたかい発見だろう。子どもとかかわる時、私たちを取り囲む世界のすべては、何かを語りかけ、きっとどこかで私たちとつながっている。そのことを意識しながら、子どもとの日々を重ねていく教育者・保育者であってほしい。

##  さらに学習を深めたい人のために

　読みあいは、もともと、心理療法の1つである読書療法から発展したコミュニケーションの一方法である。心に傷を抱えた人との読みあいや、長期入院を強いられた子どもとの読みあい、また、認知症の進んだお年寄りとの読みあいなど、様々な形で、「場」を育てる可能性が開かれている。詳しく知りたい人のために、幾つかの文献を紹介しておく。

　1）**『読書療法から読みあいへ』**（村中李衣　教育出版　1998）
　読みあいに関する具体的な質問に答えながら、コミュニケーションの本質について考える本。

　2）**『子どもと絵本を読みあう』/『お年寄りと絵本を読みあう』/『絵本を読みあうということ』**（村中李衣　ぶどう社　2002／2002／1997）
　読みあいについて学ぶ3部作。小児病棟の子どもたちとの読みあい、老人保健施設でのお年寄りとの読みあい、そして、0歳から100歳までのあらゆる人との読みあいの事例を紹介している。

　3）**『障害児者との絵本の読みあい型読書療法の実践』**（児玉恵　梅光学院大学子ども学部卒業研究　2008）
　大学在学中の4年間、障害児・障害者の施設でボランティアとして、絵本の読みあいを重ねながら、向かいあう対象に対してのみでなく、向かいあおうとする自分自身の変化も見つめながら、コミュニケーションの可能性を模索した卒業研究。2008年度梅光学院大学学長賞受賞。

# 第4章 私を生きることの意味を感じあうワーク
## ：見えない絵本を語る

## 1 これから始まること

　子ども時代を通り抜け今に至るまで，それぞれにいろいろなことがあったはずだ。恐らく，辛いことは何にもなかった，すべてが楽しくて幸せな思い出ばかりだ，という人はいないのではないか。その場で解決しきれない問題や，正面から向きあえない感情にひとまず蓋をして，いつかまた機会がある時までと先送りにすることは決して悪いことではない。むしろ，人生の長い旅を歩むための知恵でもある。けれど，これから，子どもたちと一緒に学びあうスタート地点に立った今，自分の子ども時代に1つの区切りをつけるために，一度その蓋を開けることを試みるのも，大切なことではないだろうか。

〈封印を解く瞬間〉

　これは，あるおかあさんから伺った話。息子のケン君（仮名）は，幼い時から絵本が大好きだった。ところが，3歳のある日，『ぞうさんレレブム』という絵本に出会い，大きなショックを受けた。ゾウのレレブムは，自分のからだの色が何の変哲もない灰色で，ほかの動物のような晴れやかさがないことを気にして，どんどん自信をなくしてしまう。何とかして，カラフルなゾウに変身しようといろいろ試みるのだが，うまくいかない。最後は，ありのままの自分でいいのだと納得するストーリーで，いわゆるハッピーエンドではあるのだが，当時のケン君には，レレブムの悲しみが深く深く胸にこたえたようで，おかあさんが読んでいる途中で大泣きしてし

*19*

## 第4章　私を生きることの意味を感じあうワーク

まった。そして「もう二度とぜったい，こんな悲しい本は読まないで」と，涙ながらに訴えたそうだ。そこで，おかあさんは，ケン君の言うとおり，絵本を閉じて，きれいな箱にその絵本を入れて蓋をしめた。そして，蓋が開かないように，ひもでしばった。すると，ケン君が，また泣きながら「レレブムが息できない」と言うので，箱の蓋に無数の穴を開けて，押入れにしまった。おかあさんはそのうち，箱のこともレレブムの絵本のことも忘れてしまっていたのだが，中学生になったケン君が，その箱を抱えておかあさんのところへやってきた。「ぼく，ずっとこの箱のことが気になってたんだ。思い切って蓋を開けてみたよ。ぼくはすっかり大きくなったけど，レレブムはずっとあの時のまんまだった。どうしてあんなに悲しかったのか分からないんだけれど，でも，それがぼくだったんだぁ」。

　この話を聞いて，閉じられた絵本が閉じられたままそこにあることで「子どもの成長」に寄り添うということもあるのだなぁ，と教えられた。そしてまた，それが開かれる時期がやってくるということが人生の希望でもある。ワークの参加者が，きつく閉じた自分の「子ども時代」の封印を解くことができるかどうか，そして，1人ずつのその瞬間を，きちんと受け止められる温かい他者でありうるかどうか。さぁ，勇気を出して挑戦してみよう。

## ❷　ワーク：見えない絵本を語る

### （1）　用意するもの

　今回は，部屋の中で行う。できれば，オープンスペースでなく，外の世界と区切りができる空間が望ましい。
　参加者は，紙も鉛筆も持たないこと。

### （2）　ワークの手順

　まず，見えない絵本の語り手になる練習から。両手で，今自分の目の前にある見えない絵本（透明絵本と呼んでもよい）の大きさを確認する。大き

めのＡ３サイズの絵本を示す人もいれば，手の平サイズの小さな絵本を示す人もいるだろう。

次に，その絵本を片手で持って，もう一方の手で静かにめくってみよう。表紙がめくられて，最初の１場面目が開かれたことがイメージできるだろうか。それができたら，次々にページをめくってみる。そして，これが最後だと思うページを閉じたら，本を表紙にもどして，おしまい。

この練習で，見えない絵本の存在が確認できたら，今度は何か即興の話をこの見えない絵本に乗せて語ってみよう。即興の話が語りだせない場合は，「むかしむかしあるところに…」から語り始めてみる。長さは問わない。そして，どこでページをめくるか，の感覚を自分なりに得るよう，心がける。

ここまでは，準備体操。いよいよ本番。自分のこれまで歩んできた道のりの中で，どうしても心の解決がつかないままでいる事柄，あるいは，くやしかったり悲しかったりして，だれにも打ち明けられないできた事柄を，この見えない絵本で語ってみる。

このワークにはいくつかの約束事がある。
・とりあえず，試みようと努力してみるが，どうしてもできそうにない人は，パスして構わない。
・見えない絵本の語りを聴く人は，決して意見を言ったり，反論したりしてはいけない。あくまでも，その語りをそのままに受け止めること。
・見えない絵本のページ数は決まっていない。語り手が「おしまい」と言ったら，そこで，終了。
・見えない絵本を語ったこと，聴いたことは，参加していない人に決して公言しない。

以上の約束事を参加者全員が了承したら，いざ「見えない絵本」読み語りのはじまり，はじまり。

第4章　私を生きることの意味を感じあうワーク

## ❸　ワークをふりかえる

　ワークを終了した教室は，今までにない重い静寂に包まれることだろう。勇気を出して自分の閉じていた物語を外に語り出した疲労感。そして，他者の語り出す言葉を丸ごと自分の心で受け止めた疲労感。その両者が交錯して，しばらくは，このワークの意味を整理するのが難しいかもしれない。少しみんなの気分が落ち着いたら，閉めきっていた部屋の窓を開け，気持ちのいい風を入れながら，今感じていることを率直に話しあってみよう。

　見えない絵本の表紙をみんなに向けて，そのタイトルを口にした時の気持ち。表紙をめくって1場面目を開き，自分の物語を語り出した時の気持ち。そして，どこで次のページをめくったのか。また，最後のページを閉じた時の気持ち。「おしまい」と口にした時の気持ち。また，自分が語っている時に聴いているみんなの姿をどう感じたか，語り終えて席に戻った時の気持ち等も，思いつくまま語りあってみよう。また，他者の語りを聞いている時の自分の気持ちも，思い出してみよう。

### （1）　見えない絵本の意味

　絵本の表紙を立てて見せるということは，自分の心の向きを正して，外へ向けて開くことの決意表明でもある。この姿を目にした時，ほかの参加者は，今まさに自分を信じて語り出そうとする1人の痛みをもった人間をできる限り受け止めようとする気持ちが湧き上がってくる。

　語り出した瞬間から1つの場面に長く居留まることが苦しくて，次から次へせわしなくページをめくる者がいる。また，1場面目を開いたものの，どうしても次の場面へと展開できずに，最後まで，1場面目だけで終わってしまう者もいる。場面を展開させる，ページをめくる，ということは，語り手の中を流れる時間を，区切っていく作業だ。せわしなくページをめくらずにはいられない語り手の苦しさ。記憶の中の時間が澱んでなかなか流れ出さない苦しさ。どれも，説明せずとも，参加者に痛いほど伝わる。

また，どうしても見えない絵本が語れないと告白した人も，決して疎外されることなく，それほど重い物語を抱えているのだということが中身を詮索されることなく，参加者に受け止められる。

　このワークの事例の中には，次のようなこともあった。ある学生が決心して教壇に立ち，自分の見えない絵本の表紙を，参加者の方に向けて示したのだが，それが精いっぱいで，彼女はそのあとどうしても1ページ目をめくることができない。長い時間，震える手で表紙を握りしめたまま，立ち尽くしていた。教師としては，いつこの語りを中止させようかと迷いはじめていた。その時，1人の学生がすっと立ち上がり，彼女の傍らに立つと，無言で見えない絵本に，ポケットから取り出した見えないリボンを結んだ。それまで1人立ち尽くしていた彼女の驚いた表情。そして，おそるおそるリボンを結んでくれている学友を見つめるまなざし。参加者全員がそのすべてを息を詰めて見守った。リボンを結ばれた見えない絵本は，2人の手で見えない箱に静かに入れられ，そっと蓋を閉じられた。途中ですっと前に出た学生は，見えない絵本を語れなかった彼女と特別仲好しというわけではなかった。

　今が封印を解くチャンスだという物語もあれば，今はまだその時期でない物語もある。どの物語も大切で，どの物語も無理やり語られる必要がないものだ。けれど，いつか必ず語り出せる物語でもある。それは，自分が歩いてきた道に否定しなければいけないものは何もない，と信じることでもある。

　ワークを終えた学生たちは「自分の辛い思い出は，どこまでいっても自分だけのもので，だれにも理解されないものだと思ってきた。だけど，だれにも，そんな孤独な思い出があることが分かった。独りの痛みを抱えているからこそ，他者とつながりあう一瞬一瞬が尊いのかもしれない」と，感想を述べあった。いつもみんな一緒で，みんなと悩みを分かちあうことを奨励するだけでなく，分かちあえない孤独や痛みを抱えている1人ずつであることを認めあう体験が必要なのかもしれない。

## （2） さらに学習を深めたい人のために

**『こころのほつれ，なおし屋さん。』**（村中李衣　クレヨンハウス　2004）

　この本は，保育や児童教育をめざす学生に向けてのワークでなく，コミュニケーション力を高めたいと考えて入学してきた短大の学生たちと1年間続けてきたワークの記録集である。生きることの意味がうまく見つからず，もやもやとしている学生や，すぐに何でもあきらめてしまう学生，ささいなことで突っかかってくる学生たちと一緒に，教師もワークの中を悩みながらくぐっていく。読むことで読者もワークを追体験しながら，自分なりのほつれなおしの術を見つけてほしい。

# 第5章 幼児理解と援助に必要なこととは

## 1 はじめに

　第2章から4章までのワークを通して気持ちが通じる体験，分かってもらえるうれしさ，人とつながっていることの安心感などを実感できたことだろう。自分の存在も他の人の存在も大切に思えるような私たちであれたらと願いながら，この先も学んでいってほしい。

　それらを踏まえて第5，6章では，保育者という専門職にとって必要な幼児理解と援助について考えていきたい。しかしそれは，これまでのワークと切り離して学ぶことではない。子どもたちを理解し，援助するのはほかでもないあなたなのであるから。この章でも自分の言葉で考えたり，表現しながら学んでいくように心がけてほしい。

　さて，乳幼児を理解するために必要なことは何かと聞かれたらどう答えるだろうか。「乳幼児」という言い方をしているからには，まず「乳幼児」とはどのような人たちなのかを理解する必要があるということは言えるだろう。あなたが自分を大人に分類するのか子どもに分類するのかは定かではないが，乳幼児に分類することはまずないだろう。乳幼児はそれだけあなたと隔たりのある人たちなのである。この世界に生まれきたばかり～おおむね6歳までの人たちは，私たちと何が違うのだろうか？　体の大きさから始まって，違いをあげればきりがないだろう。そしてまた，0歳児と6歳児の違いをあげてもきりがないだろう。生まれてから6年間の間に子どもたちは急激に発達していく。私たち自身も通ってきた道筋ではあるのだが記憶にはない，その発達の過程をまずは理解しておく必要がある。保

育所保育指針の「第2章　子どもの発達」に記されている，乳幼児期の発達の特性や発達過程を頭に入れて（または子どもの発達過程を扱う他の科目を学んで），実習で直接子どもたちとかかわる中でその特性や過程を理解しよう。

しかし，発達の特性や発達過程を理解すれば，乳幼児を理解し援助できるのだろうか。保育所保育指針の第2章では子どもの発達過程が8つの区分として示されているが，そこに述べられているとおり，この区分は，同年齢の子どもの均一的な発達の基準ではなく，一人一人の子どもの発達過程として捉えるべきものである。生まれつきもって生まれた気質や育ってきた環境によって，同じクラスにいる3歳の子どもたちでも，発達の様相は様々である。また，同じ場にいて同じ遊びをしていても感じていることや興味をもっていることはそれぞれの子どもで違う。そしてまた，子どもたちをどのように理解して援助するのかは保育者によって多様である。

## 2　乳幼児の理解を考える前に

### 事例5-1　4歳児のクラスでの6月の一場面

　　クラスの中にはグループ机が4つ並べられていて，それぞれの机に4～5名の子どもたちが座っている。

　「今日は七夕の飾りをつくります」とA保育者が話し，折り紙を4つ折りにして折り目をハサミで切るという一連の作業を，クラスの子どもたちにやってみせる。リョウは折り紙を4つ折りにした後で，ハサミの持ち方が分からなくて色々な指をハサミの穴に入れている。①B保育者がリョウに「親指がここ」と伝えると，リョウはこれで良い？というように何度もB保育者の顔を見る。それでもハサミの向きが違うので「こっちを持ってここを切る」とB保育者はリョウの手を持って指示する。リョウは，折った折り紙の形を見て向かいに座っているモエに「おイスみたーい」とうれしそうに話す。「リョウ君，切って」とB保育者に言われてリョウは折り紙を切る。「終わったらハサミを（机の真ん中においてある）カゴに入れて，切った折り紙はテーブルの端にそろえておいてください」とA保育者がクラス全体に話す。B保育者が「リョウ君，終わったらハサミどうするんだっけ？」と言うと，リョウはハサミをカゴに入れて「リョウ君1ばーん」とうれしそうに話し，切った4枚の折り紙を机の上に並べる。

## 2 乳幼児の理解を考える前に

②B保育者が「すみません。そろえてここに置いておいてください」とテーブルの上の１か所を指さす。リョウは，向かいのモエの動きを見ながら折り紙をそろえて，集めるように言われたところに折り紙を置く。リョウは「これ簡単だねえ」と言いながら，時折のんびりと外を眺め，またモエの動きを見てからゆっくりとハサミを手にする。③B保育者に「リョウ君，みんな待ってる」と言われた時に，折り紙が床に落ちてしまい，リョウはそれを拾おうとして床にかがむ。リョウがテーブルの上に置いたハサミを見てB保育者が「リョウ君，ハサミはこうして（閉じて）」と言い，リョウは，B保育者の顔を見る。次に４つ切りにした折り紙を半分の三角にする説明をA保育者が全体に向けて始めるとB保育者が，「リョウ君，A先生のお話聞いて」と言う。グループ机の上でB保育者が「お山とお山がこんにちは」と言いながら，三角に折ってみせるが，リョウは向かいのモエが折るのを見て，それから空中できれいに重なる三角を折ろうとしている。B保育者が「こことここ（１か所の頂点）が合っていれば大丈夫。こことここを合わせて」と机の上でやってみせるが，リョウは何とかしてきれいな線対称の三角形にしたいようだ。それを見たB保育者は「ここは合わない。リョウ君まっすぐに切れてないから。こことここが合えばいい」と言い，机の上に折り紙を置いて「こことここを持って，こっちアイロンかけるの。リョウ君，まっすぐに切れてないから合わないの」と言い，折り目を指でしっかりなぞるように促す。④リョウが気のない様子で折り目をなぞっていると「リョウ君，もっとアイロンかけないとボヨンボヨンだよ」とB保育者が言い，リョウは折り目を指でなぞる。なぞり終えるとB保育者の顔を見る。B保育者は「そうしたら三角に切るの」と言う。向かいでモエが「リョウ君がんばれー　リョウ君がんばれー」と声をかける。

以下の問題を考えてみよう。

問１　ここではB保育者はリョウをどのように理解していたのだろうか？

問２　ここではリョウは何を思っていたのだろうか？　リョウになったつもりで，下線①〜④のB保育者との対応場面でのリョウの思いを言葉にしてみよう。


問１について。B保育者は，リョウがほかの人との協調性がない，こちらの話をきちんと聞いて行動することができない，と「理解」している。４歳児であればもう少しほかの人の話を聞いてそれに合わせた行動ができ

るはずなのに，それができないと「理解」している。

　問2について。これは各自で違うだろうし，あくまでもリョウの思いとして推測するしかないので一例をあげてみる。①では「これでいいの？」②では「何言ってるの？　モエちゃんどうやっているのかなあ」。③「あー折り紙が落ちちゃったよ。拾わなきゃ。こんな時に先生何言ってるの？」④「きれいにできないよー，やりたくないよーでもやりましたよ。これでいい？」というような思いが推測できる。

　リョウの思い（と推測できるもの）とB保育者の対応はどのような関係になっているのだろうか。一連の対応の中で，B保育者がリョウの思いを理解しようとしているようには見えない。B保育者が見ているのは言われたことをやっているかどうかという行動面である。そのためにB保育者の対応はリョウの思いとはかみあわないままに，リョウに作業を進めさせるという行動面での対応になっている。ではB保育者のリョウへの「理解」と対応はどのような関係になっているのだろうか。B保育者はリョウがこちらの話をきちんと聞いて行動することができないと「理解」している。その「理解」に基づいてB保育者が選択した対応は，リョウが保育者の話を聞いて，それに従って行動するというパターンに慣れることによって，適切な行動を身に付けさせようとすることであった。そう考えていくと，こちらの話をきちんと聞いて行動することができないという，4歳児としては課題があるというリョウの発達についての「理解」と，言われたとおりに行動するように働きかけるというリョウへの対応がB保育者の中では矛盾していないのである。

　B保育者は今のリョウの行動を見て，これではいずれ小学校に行った時に先生の話が聞けなくて困るだろうと心配し，今から少しずつ習慣づけていく必要性を感じていたのである。B保育者に悪意があるわけではない。それによってリョウの行動がよりよくなり，リョウが困らなくなると考えているのである。このことからB保育者は子どもを，大人の願いに沿った行動をするように習慣づけていくことによって発達していく存在と捉えていることが分かる。そのような子ども観に立つと，保育とは保育者がより

よいと考える行動を子どもに教えることになる。

　すでに気付いていると思うが，ここまでの文章の中で筆者は理解と「理解」を分けて使ってきた。「理解」はリョウの行動面での出来不出来だけを対象としている。では逆にこのテキストの主題である「　」のない理解とは一体何を理解することなのだろうか。私たちがめざしたい理解は行動面だけではなく，子どもたちが体験していることや思っていることという内面の理解である。子どもの思いを理解しようとすることは，子どもの発達過程を理解することとは別の側面である。そしてまた，保育者が子どもをどのような存在として捉えているのか（子ども観），保育とは子どもにどのようにかかわることなのか（保育観）と密接に関連しているのである。

## 3　援助を考える前に

**事例 5 – 2　5歳児クラスの7月**

　初めて伺ったクラスで 4 月から転入してきたケンの姿を中心に C 保育者と話をしていた時の内容の一部である。
　その日，C 保育者も入って園庭で氷鬼をやっていた時に，ユイが，ルールがよく分からないケンの両腕をぎゅっとつかんで「動いちゃダメでしょ！」と険しい表情で怒っていた。その厳しい行動を見て驚いたために，筆者が C 保育者にユイについての話を聞くと，C 保育者は「きっと，なんて言うのかなあ…ちゃんとルールを守ってやってほしいんですよ。ケン君だけにじゃなくて，みんなに厳しいんですけど，きっとすごくイライラしているんだと思うんです。何で分からないの！って。どんどん小学生みたいに色々なことをやりたい子なので…あそこの場面ではどうして分からないの？っていう感じだったように思います。ユイちゃんちょっとね，きつい。勝負事には厳しくて，自分は絶対負けたくないので，負けそうになったり，ルールを守らなかったりっていうことは，許せないんですね。どうしたらいいんでしょう」と話した。
　また別の場面で，ケンがシュンに「のど乾いたー」と言いにいき，「じゃあこっちにおいで」とヤカンがあるところに連れていっていた姿を見て，ケンはシュンを頼りにしているのかと思って話を聞くと，C 保育者は「シュン君は，私がほかの子どもを怒っている時に『そんなことで怒らなくてもいいと思うな』っ

第5章　幼児理解と援助に必要なこととは

> て耳元でささやいてスッと通っていったりするんです。彼は遊べていないんですよ。『お手伝い何かない？　何かない？』って言っている感じで。『何時にお片付けするんだっけ？』とか。遊び込めないんですね…だからケン君も言いやすいんでしょうね。暇そうでこと細かに教えてくれるし」と話した。

問1　C保育者はユイとシュンをどのように理解していたのだろうか？
問2　あなたが保育者だとしたら、ユイとシュンにどのようにかかわりたいと思うだろうか？

　問1はC保育者の話のとおりである。ユイは色々なことを小学生のようにやりたい活発な、負けず嫌いな子どもであり、きつい面がある。シュンは、遊び込むことができずにクールに状況を見ている子どもであるとC保育者は理解していた。
　C保育者は一見すると子どものことを良く見て、理解しているように思えるかもしれない。しかし、ユイの姿やシュンの姿をそのままのあなたで良いよと肯定して見ているわけではない。そのままで良いとは思っていないが、でもそれに対してC保育者がどのように援助していこうと思っているのかが話の中には出てこなかった。子どもの姿を見て保育者は何らかの理解をする。その理解を手だてにして、保育者はその子どもにかかわっていく。しかし、かかわる手だてに結びつかない場合、理解は、○○はこういう子としてその子ども自身に貼り付けること（ラベリング）で終わってしまう。この人はこういう人とラベリングをした先にあるのは何だろう？
　ラベリングをすると何か分かったつもりになってしまうことはないだろうか。たとえばユイが怒ったり、きつい口調で話す時には、その場面場面で違う理由があるだろう。話の中でも、氷鬼の場面でユイがケンの腕をつかんで怒った場面でのユイの思いをC保育者は推測していた。しかし、ユイ＝きつい人とラベリングして終わってしまうと、ユイが怒るのはいつものことになってしまい、その場面にかかわることをしなくなってしまうだろう。現に、氷鬼にC保育者は入っていたが、その場面では何のかかわりもなかった。もちろん保育者がすべての場面で子どもと直接かかわる

必要があるわけではない。子ども同士の間での，その「きつい」と言われる言動を巡ってのやりとりやトラブルを通して，ユイ自身が感じたり，気付くこともあるかもしれない。しかし「ユイはきつい」と見て，それにかかわらない保育者は何のためにそこにいるのだろうか。ユイのきつさはユイ自身の問題として，ユイ1人に背負わせることになってしまうのではないだろうか。そう考えるとラベリングは客観的に見ていて，かかわる必要がない人が語っている言葉のように聞こえてはこないだろうか。保育者の理解がラベリングで終わらないためには，子どもの育ちに対する願いが必要なのである。

　問2ではどのようなかかわりが出てきただろうか。
　保育者として子どもとかかわっている以上，子どもの今の姿をただ理解しようとするだけでなく，子どもがよりよく育っていくことへの願いをもっていることが必要である。その子はどうありたいと思っているのだろうか。どうなりたいと思っているのだろうか。自分はその子にどうあってほしいと思っているのだろうか。そのためにどのような援助ができるだろうか。そのような姿勢があれば，子どもの理解はラベリングでは終わらない。理解というのは現状のすべてをそれでよいとして受け入れることではない。よいとは思えないことをも受け入れなくてはと思うこと，もしくは仕方がないとしてしまうことは放任と同じである。子どもたちの今の気持ち・思いを感じつつ，子どもたちがよりよく育つために自分がどう援助できるのかを考えながらかかわっていくのが保育者である。ユイは勝負事に厳しい。負けるのが嫌いだと見て取れるとしたら，ユイはそういう人だからとして決めつけてしまうのではなく，勝負では勝ったり負けたりすることがあること，一生懸命やってもうまくできない人もいることなどをユイが実感できることを願って，機会を捉えて伝えていきたいと思うかもしれない。心地よく友達とかかわれる自分を感じてほしいと願いながら，勝ち負けが重視されない場面でユイの違う面が生かされる機会をつくって，穏やかに人とかかわれる心地よさを一緒に味わいたいと思うかもしれない。

シュンが遊び込めないことを，シュンだけの問題としてしまうのでは保育者がいる意味がない。シュンが遊ぶ楽しさを実感できていないのだとしたら，一緒になって真剣に遊んでみて楽しかったねと一緒に感じてみたいと願い，そういう機会をつくるかもしれない。子どもたちは良い自分でありたい，良い自分になりたいと願っている。でも自分の力だけでなかなかそうなることはできない姿が今あると理解するのだとしたら，それを援助するのがほかならぬ，保育者という存在なのである。そして子どもたちにどうあってほしいと願うかは，保育者に託されている。その願いが子どもたちにとって適切なのかどうかは，子どもとのかかわりの中で常に見直される必要がある。

　Ｃ保育者は，子どもたちに何かを無理矢理にさせることはいやだということと，自分の表情や顔色を見て子どもたちが行動することがいやだということを強調した。自分自身が子どもたちの育ちに影響を与えることを恐れていたとも言える。しかし，保育者は良くも悪くも一緒に生活する中で，子どもたちに影響を与える存在である。子どもたちの姿に自分が関与しているという自覚がないと，その子どもが自分とはかかわりのない存在になってしまう。Ｃ保育者が強調したことは実は，Ｃ保育者本人がしたくない・されたくないことであり，発達の過程にあって，保育者の援助を必要としている子どもたちの思いとは別であるということに気付く必要があった。保育者も人間であるので，好みや価値観をもっている。そしてそれは，子どもの理解と援助に大きな影響を与えることがある。子どもたちの思いとは別のものとして，自分の思いや好みや価値を自覚していくことも理解と援助には必要になる。

## ❹ 幼児理解と援助に必要なこと

　事例5－1・事例5－2では，幼児理解と援助というテーマからすると圏外と思われる事例をあげた。そこから逆に幼児を理解し，援助するために必要なことを考えてきたが，それらを以下にまとめておきたい。

## 4 幼児理解と援助に必要なこと

（1）発達の過程についての理解
　先に述べたとおり，相手が大人ではなく，乳幼児であるという大前提に立つためにも，発達の過程を理解することは必要条件になる。
（2）理解とは，（1）の発達過程を踏まえたうえで，子どもの行動だけを見るのではなく，子どもの内面（思い）を感じとろうとすることである。
（3）援助とは（2）の子どもの内面（思い）を感じ取ろうとしつつ，子どもの育ちに願いを込めて（1）の子どもの発達過程に応じてかかわることである。
（4）自分の子どもの行動を理解する時の視点や自分が子どもに願うことは，これまでの経験を背景とした自分の価値観と大きくかかわる。これらが子どもを理解することに関係していることに気付く必要がある。

> **課題**
>
> 　保育所保育指針の「第2章　子どもの発達」に描かれている発達の姿を，発達の側面である5領域（「健康」「人間関係」「環境」「言葉」「表現」）に分類してみよう。そこから気付くことを出しあってみよう。

# 第6章 幼児理解と援助の手がかり

## 1 保育者の専門性としての理解と援助

　第5章の最後で述べたように，幼児理解と援助に必要なことは，(2)理解とは，(1)の発達過程を踏まえたうえで，子どもの行動だけを見るのではなく，子どもの内面（思い）を感じとろうとすることである。また，(3)援助とは，(2)子どもの内面（思い）を感じ取ろうとしつつ，子どもの育ちに願いを込めて，(1)子どもの発達過程に応じてかかわることであると述べた。第6章では，第7章から始まる具体的な保育の場での事例を通しての学びに入る前に，幼児理解と援助についてもう少し具体的に扱っていきたい。はじめに，幼児理解と保育援助が保育者の専門性の中核として位置付くことを押さえておきたい。

　保育の営みの中で大切なことは，保育者が一人一人の幼児との間に信頼関係をつくりだすことである。また同時に，幼児の言葉や表情から，その子が今何を感じているのか，何を実現したいと思っているのかを受け止め，自分で課題を乗り越えていくための適切な援助をすることである。このように考えた時に

　・心のつながりを大切にする
　・相手の立場に立って共に考える
　・ありのままの姿を温かく受け止め見守る
　・心の動きに応答する

などの点で，保育者に必要なこのような姿勢はカウンセリングの過程の中で，カウンセラーが相談に訪れた人の心に寄り添いながら共に考え支えて

いこうとする姿勢と共通するものと考えられる。そのために，カウンセリング活動そのものではなく，カウンセリングの基本的な姿勢を教育の場に生かしていこうとする姿勢をカウンセリングマインドという言葉で表し，平成5年度から始めた現職幼稚園教諭の保育技術専門講座（研修）としてカウンセリングマインドを生かした保育の専門技術を身に付ける機会が設けられるようになった。

　平成元年に幼稚園教育要領が改訂されるまでは，第5章の事例にあげたような，保育者が選択した望ましい活動をどの子どもにも同じように行う，画一的指導が行われることが多く，一人一人の幼児の内面に何が起こり，何が身に付いたかに目を向けた，一人一人に応じる指導の具体的な在り方を保育者が十分に身に付ける機会が設けられてこなかった。またカウンセリングマインドをもった接し方は，幼児に対してだけでなく，保護者との信頼・協力関係をつくり出し，保育について共に考えあうためにも必要なことであるために，このような研修が設けられている。

　逆に考えると，カウンセリングマインドをもって幼児を理解し，援助するという姿勢は，年月を重ねれば可能になることでなく，それが保育者の専門性であると自覚していなければ保てない姿勢であるとも言えるのである。

　これから保育者になろうとするあなたには，専門性を自覚した姿勢で初めから保育に臨めるように学んでいってほしい。

　まず事例から見ていこう。

### 事例6-1　2歳児の子どもたちのエピソードから[1)]

　　カズキが，1人でままごと遊びをしていると，トモコとユウが近づいてきて「入れて！」と言う。しかし，カズキは「だめ！だめー！」と強く言う。トモコとユウが困っていると，保育者が，「みんなで遊ぶと楽しいのにねえー」とゆったりとつぶやく。ところが，それに対しても，カズキは「だめー！」と拒否する。

　　「そうかー。みんなで遊ぶと楽しいのになあ。でも，今はいやなのかな…困ったねえ」と保育者はつぶやく。そして，しばらくすると保育者は，トモコとユウに向かって「こっちにすてきなおうちをつくりましょうか」と言って，カズ

> キが使っていないままごとの遊具を集めて，おうちの場をつくっていく。トモコとユウも，最初は少し不満そうだったが，場がおうちらしくなっていくにつれて，うれしくなってきたらしく，遊具を手に新たにできた場で遊びはじめる。
> 　「トモちゃん，ユウちゃん，おいしいご飯つくってくださいね」「何だかいい匂い，おなかがすいてきました」などと，タイミングよく保育者が声をかける。それを聞くと，トモコとユウはますます張り切って手を動かす。そんなふうにして，この場には，だんだんと，ままごとらしい雰囲気が広がっていった。
> 　すると，その雰囲気を感じてか，ヤスユキとミドリが「入れて！」と言ってやってくる。「どうぞ，どうぞ」と保育者が答えると，「どうぞ，どうぞ」とトモコとユウも，お客を迎える主人のように2人をやさしく招き入れる。と言っても，ヤスユキとミドリがお客になるというわけでもなく，4人は思い思いの場に座ると，それぞれが鍋をかき回したり，おもちゃの食材を切るまねをしたり，料理をしはじめる。
> 　こんな具合に，この場はますますにぎわって，楽しい遊びの雰囲気が出てきた。「みんなで遊ぶと楽しいねえ」と保育者がつぶやくと，4人はニコニコとする。
> 　この様子が気になるらしく，カズキは時々様子を見にやってきていたのだが，とうとう我慢できなくなったのか，「入れて！」とやってくる。トモコとユウは，先ほど断られたことを忘れたように「どうぞ，どうぞ」とカズキも招き入れる。カズキはあっさり入れてもらうことができて，うれしそうにしている。その様子を見た保育者は，「みんなで遊ぶと楽しいね」と言う。「みんなで遊ぶと，楽しいね」と言い合うように，子どもたちは，ニコニコと顔を見合わせる。

　この事例で保育者は子どもたちを，①どのように理解し，②どのような願いを込めて，③どのような援助をしているのかについて考えてみよう。
　まず，③どのような援助をこの保育者はしているのだろうか。トモコとユウがカズキのままごと遊びに入れてもらえなかった時に，保育者は「みんなで遊ぶと楽しいのにねえー」とゆったりとつぶやいたり，「でも，今はいやなあのかな…困ったねえ」とつぶやくだけで，例えばカズキに「トモちゃんとユウちゃんが，入れてって言っているよ」というような働きかけはしていない。トモコとユウが楽しくままごとができるような場をつくり，声をかけたりしながらままごとらしい雰囲気をつくり，さらに「入れて」と来た子どもを迎え入れて，みんなで遊ぶと楽しいという状況をつく

り出していった（そして最終的にはカズキも入って，みんなで遊ぶと楽しいと感じられるような状況になった）。

　この③の援助から，①と②が見えてくる。①の理解については，カズキは今は自分１人でままごとを楽しみたいと思っていると，理解していることが分かる。そして，カズキが自分のやりたい遊びに取り組むことを大切にしたい（②の願いに相当する）と考えていることが分かる。２歳児という発達の過程を踏まえた理解もここにはあるだろう。

　②の願いについては，上に述べた自分のやりたい遊びに取り組むことを大切にしたいという願いと，文中に何度も出てくる「みんなで遊ぶと楽しいねえ」というつぶやきがそのまま示す，みんなで遊ぶと楽しいことを感じてほしいという願いがあることが分かる。保育者が「入れてって言っているから入れてあげなさい」という一緒に遊ぶ形をめざしているのではなく，子どもたち自身が，みんなで遊ぶと楽しいねと実感していくことを願い，また２歳児という発達の過程を考えるからこそ，そう感じられるような遊びの雰囲気や状況をつくり出すという，③の具体的な行動としての援助が生まれたのだろう。

　①〜③はすべて関連している。保育者の行動は③の援助として見えるだけだが，それを背後から支えているのが，①の理解と②の願いなのである。

　このような深い子ども理解と援助の工夫がいずれできるように…と願いながら，以下では学生としてのあなたが今できることを探ってみよう。

〈ある学生が実習で体験したこと〉
　子どもの思いを受け止めることが大切であると学んできた学生が，実習先で具合の悪い幼児と１対１で過ごすことになった。その子は熱があるので，昼寝をする必要があった。しかし，その子どもは１日中部屋の中だけで過ごさなくてはならないこともあり，また相手が優しいお姉さん先生だということもあってか，なかなか寝ようとせずに遊びたがった。学生は，子どもの思いを受け止めることが大切だと思っていたので，「発散したい！」という子どもの思いを受け止めなくちゃ！と思ってかかわっていた。すると子どもはどんどん興奮状態になってしまい，昼寝どころではなくなってしまったという。その場を引き継いでくれた保育者は，子どもに寄り添いつつ，上手に昼寝に促していた。そ

の様子を見ていた学生は，保育者はその子どものことを1番に考えて動いているると思えたという。

　実習訪問の時にこの学生は，「子どもの思い，子どもの思い」と考えすぎていた，と話していた。子どもの思いを受け止めるとはどういうことなのか。どうやって受け止めればいいのかが分からなくなってしまった，と話した。「子どもの思いを受け止めること」と「子どもの思いを受け止めなくちゃ！と思うこと」は違う。子どもの思いを受け止めなくちゃ！ということで頭がいっぱいの学生は，「発散したいんだよね。そうだよね。発散したいんだよね。発散しようね」と子どもの思いに従っていくことになる。子どもの思いを受け止めることとは，発散したいよねという子どもの気持ちを感じ取ることである。感じ取ったその思いをそのまま実現させてあげることまでは含まない。感じ取った上で，それに対して自分がどうかかわる（援助する）のかを考える余地が残っている状態である。その余地に入るものが，自分がどう援助するかを方向付ける願いである。もしもその余地に入る願いが，子どもの思い（発散したい！）を実現させてあげたいという願いなのであれば，そのまま発散させてあげることになるだろう。でも熱があって，身体を休めた方が良いという状況なのだから，願いは別の方向に向かうことになる。この学生は，子どもの思いを受け止めることが分からなかったのではなく，受け止めることが100％になってしまい，その子どもに対する自分の願いを入れる余地がなかったのである。

## ❷ 理解と援助の手がかり

　前述の学生が体験したことからも分かるように，子どもを理解する・援助することが必要だと頭では分かっていても，理解や援助という言葉は抽象的で，漠然としている。ここでは，子どもたちの思いを想像したり援助をする上での具体的な手がかりを探ってみよう。

## (1) 「を」と「と」から考える理解と援助

　「保育者が子どもを」で始まる文章と「保育者が子どもと」で始まる文章をあげてみよう。どんな文章が思いつくだろうか。

　たくさんの文章が思いついたことと思う。さて，「保育者が子どもを」で始まる文章と「保育者が子どもと」で始まる文章にはどんな違いがあるだろうか。「保育者が子どもを」で始まる文章には具体的な行動もあるが（抱っこする・おんぶする・ほめる・しかる・呼ぶ・誘うなど），具体的な行動よりも目に見えにくい行動（理解する・援助する・保育する・育てる・受け止める・受け入れる・見守る・認めるなど）が多いのではないだろうか。それに対して「保育者が子どもと」で始まる文章は，子どもと一緒にというニュアンスが強く，子どもと一緒に何かをするという，具体的な行動が出てきたのではないだろうか。

　子どもを理解する・子どもを援助するというフレーズは，どんなことをすることなのかがイメージしにくい。しかし保育者は子どもとかかわることなしに，子どもを理解したり援助することはできない。保育者が子ども「を」観察して理解し，子ども「を」見守るという援助をする場合もあるが，多くの場合，保育者は「子ども『と』…すること」を通して子どもを理解する。そして「子ども『と』…すること」を通して子どもを援助するのである。

　そう考えると，具体的な子どもとのかかわりの中に子どもを理解する手がかり・援助する手がかりがたくさんあることに気付くだろう。

## (2) 位置から考える理解と援助

　上述の子ども「を」と子ども「と」をもう少し具体的にイメージするために，子どもと自分の位置によってどんなことが分かったり（理解できたり），どんなことができるのかを考えてみよう。

　① 子どもと向かいあっている時に分かることやできることにはどんな

ことがあるだろうか。
② 子どもと隣りあっている時に分かることやできることには、どんなことがあるだろうか。
③ 子どもと離れたところにいる時に分かることやできることには、どんなことがあるだろうか。

可能ならば、ペアを組んで実際にやってみてほしい。

具体例は様々あるだろうが、①では表情や顔色など、直接的に子どもを見てかかわって分かることがあげられるだろう。そして向かいあっている時には、じっくり話を聞いたり、真剣な話をしたりすることができるだろう。②では子どもが見ていること・興味をもっていることが分かったり、同じものを見て、気持ちを共有することもできるだろう。また、同じ話を聞くにしても、隣にいて目を合わせないで話を聞いたり、肩を抱いたり、手をつないだりもできるだろう。同じものを見て、気持ちを共有することもできるだろう。③では子どもがやっていることや、やりたいことなどが周りの状況も含めて分かったり、子どもに気付かれないように見守ることができたりするだろう。学生たちがそれぞれの関係を以下のように図示した。

①の向かいあっている場面

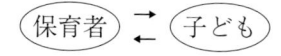

(保育者) ⇄ (子ども)

これは保育者と子どもの相互関係になる。(1)であげた「を」と「と」の例をふりかえってみると、子ども「を」抱っこしたり、ほめたり、叱ったり、手伝うこと、子ども「と」一緒に笑ったり、遊んだり、考えたりと「を」と「と」の両方のかかわりができる位置関係になる。

②の隣りあっている場面

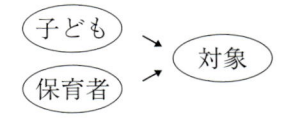

```
(子ども) ↘
           (対象)
(保育者) ↗
```

これは，同じ目線に立てて，空間を共有できる関係になる。（1）であげた「を」と「と」の例をふりかえってみると，子ども「と」手をつないだり，肩を組んだり，一緒に歌ったり，一緒に楽しんだり，子ども「と」何かを共にできる位置関係になる。

③の離れている場面

```
(保育者) → (子ども) → (対象)
```

これは，子どもの空間を見守る位置関係になる。子ども「を」観察したり，見守ったり，理解したり…と，子ども「を」…することができる位置関係になる。

子どもと自分の位置によって，理解できることや援助できることが様々にあることに気付くと，これらもまた理解と援助の手がかりになるだろう。

## （3） 理由や思いを理解する手がかり

仲の良い友達が落ち込んでいて，明らかに元気がない。その姿を見たら，あなたはどうするだろうか？ おそらく多くの人が話を聞くだろう。話を聞いて，その理由を知りたいと思うだろう。なぜ理由が知りたいのだろうか。なぜ元気がないのか。その理由が分からないと，どうかかわったらよいかが分からないからだ。言い方を換えれば，同じ元気がないという姿でも理由によってかかわり方が変わるからだ。元気がないという姿ではなく，その姿の理由が分からなければ，どうかかわったらよいのかが分からないからだ。幼児の理解と援助も同じである。だから子どもの姿や行動の理由や思いを理解することが必要なのである。

でも幼児は（本当は幼児に限らないのだが），言葉でのやりとりだけを手が

かりにすることはできない。では，言葉以外にどのような理解の手段があるのかあげてみてほしい。

　表情，しぐさ，声の調子，身体の緊張，姿勢，距離，動き，目線，身体の向きなど，言葉以外に理解する手がかりはたくさんある。幼児もいろいろな気持ち・思いをもっている。あなたが周りの友達のことを分かりたいと思う気持ちと幼児理解はつながっている。理解というのは，相手の姿に自分の姿を重ねあわせて感じ取る，あくまでも自分の想像である。しかし，そのように自分の想像を働かせて感じ取ろうとすることから，子どもたちとの関係は築かれていく。たくさんの手がかりをヒントにしながら，私たちは子どもたちの思いを少しでも感じ取れるようになっていきたいと思う。

　様々な理解の手がかりがあり，様々な援助の手がかりがある。第7章以降でそれらについて，さらに保育の場での実際の子どもたちや保育者の姿を通して学んでほしい。

## ❸ 関係性や状況で変わる理解と援助

　あなたの言葉づかいや行動は，どのような場面でも同じだろうか？　例えば家での自分と学校での自分，バイト先での自分，サークルでの自分などを思い浮かべてみるとどうだろうか。どのような場面でも自分は変わらないと言い切れる人はそういないのではないかと思う。私たちは状況や相手に応じて，自分の色々な面を相手に差し出している。あなたはだれと一緒にいる時の自分が好きだろう？　それはなぜだろう？　その時の自分はどのような様子なのだろうか。その相手のことをあなたはどう思っているのだろうか。

　子どもたちも，先生と一緒にいる時の自分が好きでいたいと思っているだろう。そして子どもたちにとっては，差し出す相手である「あなた」に見せる姿を「あなた」が理解するのだ。受け止め手である「あなた」がその子をどう見ているかによって，子どもたちは差し出す姿を変えるだろう。例えば，入園したばかりのお互いがまだよく分からない時期にあなたに見

せる姿と，慣れてきてから見せる姿は違う。あなた自身が子どもたちに差し出す姿もおそらく違っているのだと思う。日々の生活を共にしていく中で感じることが積み重なって，子どもたちとの関係は変わっていく。だから理解とは一時的なものであり，更新されていくものである。あなたが感じ取ったこと（理解）を基にして，あなたの願いを込めてかかわった（援助した）結果どうだったかという子どもの姿から，またあなたの新たな理解が生まれていく。子どもは変化していき，私たちも変化していく。そして理解は双方向性をもっている。子どもたちも私たちを分かろうとしていることを忘れないでいたい。

■文献
1) 戸田雅美：子どもと保育の情景（20）みんなで遊ぶと楽しいね　幼児の教育　第107巻第8号　日本幼稚園協会　2008　p.46-49
・文部省：保育技術専門講座資料　1995

> **課　題**
>
> 　子どもたちのケンカの場面に出会った時に，あなたはどのような援助をしただろうか。それは子どもたちをどのように理解し，何を願った援助だったのだろうか。そこから見える自分の価値観についても考えてみよう。

# 第7章 乳児期の子ども理解と援助：かみつきを通して考える

## 1 乳児の人とのかかわり

### （1） 人の子は無防備に生まれる

　哺乳類に分類される生き物は皆，母親のおっぱいを吸って育つ。もちろん人間の場合は人工栄養を用いることもできるので，母親のおっぱいが十分に出なくても，あるいは母親でないだれかが養育することもできる。しかし人間の新生児は，ウシやヤギのように生まれて数分で立ち上がり，自力でおっぱいを求めて母親のところへ移動する能力は持ち合わせていない。人間の赤ちゃんが歩行できるようになるまでには1年以上かかるし，食物も自力で食べられる状態に用意できる（調理する）のは，早くても10年程度かかるだろう。人の子は，大人の手厚い世話を継続的に受けなければ，生きて育つことすらできない状態で誕生してくるのである。

　人間の赤ちゃんが生きて育つために，どうしても必要なもの（こと）は何だろうか。生まれてすぐの新生児の場合は，保温・栄養・感染予防である。日本では出産施設の不足が問題であるとはいえ，世界的に見れば施設の衛生管理と医療技術に大変恵まれていて，新生児の誕生と初期手当てに深刻な心配はない。人工栄養の入手に経済的な困難をきたすケースも稀で，新生児の死亡率も極めて低い。

　現在では女性の就労がほぼ一般化され，出産後，子どもを集団施設保育（以下，保育園とする）に託して職場復帰する場合が多い。保育園は最も早くて産休明け（生後9週目）から保育が受けられる。ここでは保育の場における保育者の乳児理解と援助について考えることが目的であるが，もう

少し，保育を受けはじめた月齢の乳児について，大人との関係の発達を追うことにしよう。

## （２）　特定のだれかへの愛着

　生後1年未満の乳児は，生きて育つために，大人の献身的とも言える養育が不可欠であること，またここで言う大人は，その子を産んだ人でなくともよいことを前に述べてきた。それならば，毎日違う人が入れ替わり立ち替わり養育に当たることはどうだろう。乳児は特定の「この人」（主たる養育者）を大好きになり，「この人」への愛着がやがて「人っていいな」という感覚につながっていく。「人一般」への信頼とも言えるだろう。いつもいつも，求めに応じてお尻や空腹の不快を快に変えてくれる人，甘えたい時には必ず抱きしめてくれる人，不安や恐れ，悲しみから解放してくれる温かい腕をもつ「この人」の存在が，乳児の基本的な情操を育て，その後の人間関係の持ち方を形成していくのである。

　日常生活のレベルで考えても，信頼できるだれかその人と遊び，スキンシップを重ねることで，情緒を安定させ，自分の生まれてきた世界を好きになることができるのだろう。だから，乳児の初期の養育に当たるのは特定のだれかである必要がある。特定のだれかに対する愛着が，乳児のその後の生き方の基盤になると言っても過言ではないだろう。

## （３）　大好きな人の輪が広がる

　月齢（あるいは年齢）何か月（何歳）で保育園に入園するかによって，乳児の新しい環境への反応は異なるだろう。人見知りの始まる前（生後7か月以前）に入園したら，親にも保育者にも自然の流れで愛着をもつようになるため，登園を嫌がるようなことはない。人見知りが始まる生後7・8か月〜1歳半ごろ以降に入園する乳児は，保育者や園環境に慣れ，安心して過ごせるようになるまで，しばらくは毎朝立ち去ろうとする親を後追いし泣き叫ぶことになる。何時間も泣き続ける場合もある。4月の保育園は，乳児の保育室から元気な泣き声が近隣に響いている。その声を耳にして通

り過ぎる者にはほほましい春の風物詩のように感じられるが，泣いている当の乳児と，その子を置いて立ち去る親の心情は決してのん気なものではない。

けれど，そうこうするうちに乳児は保育園の人や物，場の雰囲気に慣れて落ち着き，ここも自分の居場所であることを認めていく。保育園にも大好きな「この人」ができていくのである。それはまず保育者であろう。他者によって生かされ，尊重されることの心地よさを味わいながら，「自分も捨てたもんじゃない」という自己への肯定感と，「みんな自分の力になってくれる」という他者への信頼感が育っていくのである。

## （4） 子ども同士の出会いとかかわり

保育園の生活で人とのかかわりが増していくことは，かわいがって世話をしてくれる大人との出会いばかりではない。保育者に次いで同年齢の同じ保育室で日々過ごす他児との出会いがある。「子どもはなぜか子どもが好き」だと言われるとおり，乳児たちは保育者への愛着と信頼を拠り所として，同じクラスの乳児にも関心をもってかかわっていく。人見知りと並行して，乳児は大好きな人との関係を，それまでの閉じた二者関係から他者や物を含む三項関係へと移行させるので，保育者ばかりでなく多くの他児たちとも関係を深めながら，好きな人の輪が広くなっていくのである。

乳児は他児とかかわろう，かかわりたいという意思をもち，意図的，主体的に働きかけるようになるが，相手の気持ちを察することができないので，悪意はないのに相手を怒らせてしまうことが多い。乳児は身体だけでなく思考も情緒も認知も記憶も対人行動も，食事，排泄もすべてにおいて当然のことながら幼いからである。幼いことを否定的に捉えるのではなく，可能性のある状態と読み替えていくところに，乳児保育の積極的な意味が見出されると思う。幼さそれ自体をむしろ尊重し大切にはぐくもうとする考えに立って，事例を見ていくことにしよう。

## （5）身体の発達と人とのかかわり

　0歳児後半に這い這いができるようになり、乳児の移動は範囲が広がる。自分の意思で、触りたい物に近づいたり自分から他者にスキンシップをとりにいくことができるようになる。1歳を過ぎると歩行も自立し、脚の屈伸により高さも調節できるようになる。このように身体の位置や向き、高さを選んで変えられるようになることは、人や物に働きかける仕方が多様になること、意図的になることにつながるだろう。

　次の事例は、1歳児で保育園に入園した2人の男児の遊び場面で、かみつきが起こった経緯を記したものである。人生初期の発達の様相と、他者への関心のもち方、かかわり方について理解を深め、保育者の援助を考えてほしい。

### 事例7-1　　乳児同士のかかわりとかみつき　1歳男児　9月

　マモルとユウキはともに1歳児入園の男の子である。2人とも3月生まれの1人っ子で、クラスの中でも幼く、ようやく歩行ができるようになった状態で入園した。マモルは昼食前に眠る習慣が8月まで続き、登園してしばらく遊ぶと保育室のベビーベッドで眠っていた。ユウキは家庭での夜の睡眠時間が8時間前後と短く、登園時間は居眠りをしていることも多いが、保育室に入ると、午睡の時間になってもなかなか寝付かない。月齢は同じでも生活時間がかなり違う。

　クラスの中で最も生まれの遅いこの2人は、興味の対象も似ていて、入園当初から玩具を取り合う場面が目立っていた。9月のある日、2人は木製の汽車を走らせて遊んでいた。保育者は2人が汽車遊びを始めた時からそばにいて、汽車の動きに合わせて「カーブしまーす」「トンネルに入ったねえ。さあ、出てくるかなあ」などと声をかけていた。マモルもユウキも保育者の言葉に反応するように、声がかかるとカーブを走らせる自分の手を誇らしそうに見ていたり、「あった（入った）」と言葉を返したりしている。

　マモルの汽車とユウキの汽車が線路の反対側を走るようになると、保育者のかかわりもマモルとユウキの間を往復しながら途切れ途切れになった。やがて2つの汽車は線路上で出会い、どちらも前に進めなくなった。2人ともどうしていいのか分からないらしく、床におしりをつけて座り直し、顔を見合わせてしばらくキョトンとしていた。そのうち、ユウキがマモルの汽車を跳ね飛ばして前進させると、マモルは「あー！」と言ってユウキの汽車をつかんで投げた。

ユウキは怒った時にいつもする口をとがらせた表情で汽車をすばやく取りにいき，手に持った汽車でマモルの頭をたたいた。けがをするほどの強さではなかった。ここで気付いた保育者が「マモル君」と叫んで駆け寄ったが，止めに入るより早く，マモルは怒った顔でユウキの顔にかみついた。ユウキのほほには赤く歯形が残った。保育者は「ユウ君，汽車でゴツンしたらマモル君痛いよ。でもユウキ君もガブされたら痛いよねえ」と，2人を引き離しながら言った。

　夕方，迎えにきたユウキの母親に，保育者はかみつきを止められなかったことを謝り，血は出なかったので時間がたてば歯形のアザは消えるだろうと伝えた。母親はだれとけんかをしたのか知りたがったが，保育者はそれには答えず，ひたすら謝って降園してもらった。

　翌日，ユウキの母親は保育者に会うと再び，昨日のけんかの相手がだれであるかを知りたがった。顔にけがをしたのに，相手の親には知らせていないとしたらおかしいと言う。保育者はクラスのほかの担任とも相談し，降園時にマモルの名前を知らせた。この時期の子ども同士のけんかは，かかわりが濃密になってきたことの証であると言い添え，マモルを悪く思わないでほしいとも伝えた。折り悪く，そこへマモルの母親が迎えにきた。マモルの母親はいつもと変わらぬ笑顔で保育者やユウキの母親にあいさつをし，喜んで近づいてきたマモルを抱き上げた。そして，マモルがユウキを見ているのに気付くと，タオルを袋にしまいながらユウキに「ユウ君，また明日遊びましょうね」と言った。ユウキの母親は顔をゆがめ，「うちの子，マモル君が苦手なので」と言いながら，ユウキの手を引いて保育室から出ていった。

　その様子を見ていた保育者は，たまらなくなってマモルの母親の方へ駆け寄り，「実は昨日…」とマモルがユウキにかみついたことを話した。マモルの母親は驚き，ショックを隠しきれない様子であったが，「分かりました。ユウ君とお母さんに謝りますね。マモル，歯でガブしたら痛いのよ。ユウ君痛かったのよ。これしないで」と，マモルの口を触りながら諭し，降園した。

## 2　事例を読みとくための視点

　保育は生活場面の連なりである。したがって保育の事例は，読み手の読みよう（視点）によって，異なる様々な表情をもっている。複数の人間がそれぞれ異なる視点から読めば，1つの事例から学ぶことは皆違ってくるのである。ここでは乳児理解の見地から，こんなふうにも読めるという提

案としていくつかの視点をあげておくことにする。同じ視点でも，さらに踏み込んだ解釈や違う発見ができるかもしれない。その部分は読み手の自由な読み込みにゆだねたいと思う。

### （1） 乳児の立場から出来事の意味を理解する

　事例の乳児マモルとユウキは，互いに相手に対する働きかけをせず，平行的に自分の遊びを楽しんでいた。保育者もこの2人の遊びに接点をもたせようとする働きかけはしていないようだ。入園して半年がたち，保育室で好きな遊びを見つけて遊びこめるようになった現状を温かく見守り，より楽しめるよう言葉をかけているようである。

　ところが，汽車の線路がひとつながりであったために2つの汽車が出会い，汽車の動きを止めざるを得なくなってしまった。マモルにとってもユウキにとっても想定外の出来事であったろう。汽車を止める必要に迫られて初めて，2人は互いに相手も同じ遊びをしていたことを知った（思い出した）のかもしれない。とにかくマモルにはユウキが，ユウキにはマモルが，自分の遊びを停止するよう求めるやっかいな相手として現れたのではないだろうか。どうしてよいか分からず床に座り込んだ2人が何を思ったか，想像せずにはいられない。

　ユウキはマモルより先に気を取り直し，自分の遊びをこれまでどおりに続けようとした。走りを再開したユウキの汽車は，マモルの汽車を跳ね飛ばして先へ進んでいく。ユウキにとっては「こうすれば汽車遊びが続けられる」という発見であったろう。彼には，マモルも自分と同じように汽車遊びを続けたいのだという認識はなかったと思われる。1歳児は自分の思いをもって遊びに向かう時期である。ユウキのしたことは珍しいことではない。むしろこのような自己中心的な行為が，1歳児の本質であると言える。しかし，あくまで自己中心的な思いであるために，他児の思いや周りの状況と相容れない結果になることも多い。ユウキも，その後マモルの怒りをかっている。

　ユウキとマモルにとってはこの時，手にしている汽車がカーブやトンネ

ルを走ること，それがほかならぬこの自分の手によってなされていることがとても大切なことであったはずである。1歳児はまだ片言で断片的にしか思いを伝えることはできないが，彼らにも人間としての誇りと尊厳があるのだから，たたいたりかみついたりするほどの問題ではないだろうと，大人の尺度で片付けるべきではないだろう。一人一人にとってのその場面の意味を考えながら，状況についてあれこれ思いを巡らすところから，理解の道のりが開けてくるのである。

## （2） 乳児のかみつきと保育者の援助

　自分の汽車が跳ね飛ばされて線路から離れたところに転がるのを見たマモルは，「何するんだ」とばかりにユウキの汽車に手をかける。マモルが怒るのは当然である。にもかかわらずマモルは，ユウキに汽車で頭をたたかれたものだから，ユウキのほほにかみついた。仕返しの仕返しの，そのまた仕返しということになる。ここにもまた，1歳児の言葉の問題が読み取れるだろう。「やめて」と相手に伝え，言語的コミュニケーションで問題を解決できるよう，この先長きにわたって保育者が仲立ちを繰り返すことになるのは明らかだが，1歳児の段階ではそれは無理な話でもある。言葉で解決できないからかみつくのである。乳児の言い分を代弁するなら，かみつきは乳児が思いを他者に伝えるために，しかたのない手段でもあるだろう。しかしかみつきは仕方がないと言って放任しておくこともできない。人間同士の対話的コミュニケーションの仕方を，これから学んでいくべき乳児に，保育者はどのような援助をすべきか考えなければならない。理解の先に援助の道筋を開いていくのが保育である。

　2人のどちらにとっても苦い経験で終わることのないよう，そばにいる保育者が，それぞれの乳児の思いを汲み取り，言葉に表して共感を伝えることが，この場ですべき援助ではないだろうか。事例でも保育者は，双方の状況と痛みを伝えている。これは，乳児の言葉にならない思いを代弁したとも言えるだろう。

　そこに自分の思いを分かろうとしてくれている人がいる，この人には分

かってもらえると感じることで，乳児の保育者に対する信頼は厚くなり，保育者との信頼関係において情緒も安定する。そして，相手の状況を伝えられることで，相手にも自分と同じように，何か思いがあったことを知るだろう。<u>今この場で理解できないとしても，保育者のそういう丹念な言葉と介入の積み重ねが，乳児の他者理解につながるのだと思われる。</u>

## （3） 保育者と親の関係

　この事例は，乳児の遊びと他児とのかかわり，結果的に起こったけんかと盛りだくさんの要素を含んでいるが，さらに保護者（母親）の感情的なもつれも表れている。

　保育者は，事の経過とけがの程度や見通しについて，ユウキの母親に話をしたのだが，かみついた相手がだれなのかを知らされなかったことで，ユウキの母親はすっきりと納得できなかった。かみつきは，顔にけがを負う場合も多く，保護者としてはわが子がだれに傷つけられたのか，知りたいと思うのも当然かもしれない。相手がだれだか分からないまま，その場の状況を想像するのは不自然なことで，出来事の経緯を了解しにくいからである。しかし保育者の立場としては，相手の名前を知らせることで，保護者同士の関係を悪くさせることが懸念されるのである。こうした場合の対応の方向性には，園の個性も出るだろう。事例の保育者は，当日はマモルの名前を聞かれても明かさなかった。翌日また尋ねられたところで答えているのは，おそらく園内でほかの保育者たちと相談した結果であったかもしれない。

　ユウキの母親は，1人っ子のユウキが顔に歯形をつけられたのを見て，ショックを受けたのだろう。ユウキがかみつかれた時に感じたであろう痛みに思いを寄せ，自分自身の痛みのように感じられたのではないだろうか。

　保育の現場においては，子どもの保育の先に保護者の思いを見据え，もとより支援はなされてきたのであるが，平成21年度より施行された保育所保育指針では，「保護者に対する支援」が掲げられた。保護者の存在を視野に入れ，保護者の考え方にも配慮して保育を行うことが明文化されたこ

とは，昨今の保護者と保育者（教育者）の関係の結び方が難しくなってきている現状を反映している。

　ユウキの母親とマモルの母親が今後どのような関係を構築していくか，保護者の関係を支えながら，ユウキとマモルの関係づくりをするという保育の課題への取り組みは，今まさに始まったところだと言えるだろう。保育者は乳児が園で何をしてどのように過ごしているのか，保護者が安心できるように伝え，保育の方針を理解して連携できるような関係を築いていかなければならない。ユウキの母親がマモルに対して不信感を抱いたままでは，ユウキとマモルの関係構築にもよい影響は期待できないからである。保育の場における「保護者に対する支援」は，それによって乳児の生活がよりよく護られ，乳児の発達に対するより適切な援助が実現されるためになされるものである。

---

**課 題**

　本文中，「今この場で理解できないとしても，保育者のそういう丹念な言葉と介入の積み重ねが，乳児の他者理解につながる」（p.52）とある。これについて以下のことを考えてみよう。
1．やがて実現されるであろう（あるいは実現してほしい）乳児の他者理解は，どのようなものだろうか。
2．あなたはなぜ，そう考えるのか。

# 第8章 乳児期の子ども理解と援助：食事について考える

## 1 保育園の給食

　平成21年度より施行された保育所保育指針では，第5章の3に「食育の推進」がうたわれている。食を営む力の基礎を培うことが目標とされており，「食べることを楽しみ，食事を楽しみ合う子どもに成長していくことを期待する」という項目が設けられている。保育園では，園庭や近くの畑に野菜を栽培し，園内で食する実践がそこかしこで見られるようになった。園庭に窯をおいて，子どもたちがこねた生地でパンを焼く園もある。保育現場でのこうした様々な食育活動は，共に食することの喜びを味わい，食べるという営みに対する関心を高めることに寄与しているだろう。

　本章では，特筆すべき実践事例の紹介ではなく，日常の給食場面の事例から，乳児期から生涯にわたって日々積み重ねる食事体験について，保育の視点から考えてみようと思う。当り前のように日ごと三度繰り返している食事が，乳児にとってどのような体験であってほしいか，考え直すきっかけにしていただきたい。

### 事例8−1　「もっと食べたい」と「もういらない」　1歳児

　保育園1歳児クラスの給食が始まった。丸いテーブルを5人の乳児が囲んで座っている。「待っててよ」と声をかけるA保育者は，スープにごはん，おかずの皿を順に配っている。首を回して周囲を見回す乳児もいれば，イスの上に立ち上がろうとしているのか，テーブルにつかえる脚をなんとか引き上げようともがいている乳児もいる。その子にA保育者が「ナオちゃん，出ないで。ごはんが始まるからね，待ってて」と言い，脚をテーブルの下に納めた。

「いただきます」の合図で食事が始まった。B保育者の声に合わせて「…ます」と発声する子，おじぎだけする子，待ちかねていた様子ですぐにおかずに手を伸ばす子と，食事の始め方も様々である。ケンタは落ち着いた様子でスプーンを手にし，ごはんを口に運んだ。スプーンの使い方は器用で，時々背後に来て様子を見ている保育者も安心して見守っている。A保育者は，ケンタとはテーブルの反対側にいるリュウの介助に専念するようになった。

ケンタは自分の分を食べ終え，隣に座っているハルカと，ハルカの前に置かれている皿を交互にながめる。ハルカはまだたくさん残っている皿を前に，ぼんやりとA保育者の動きを目で追っているようである。ハルカにこれ以上食べる意思のないことは明白に伝わってくる。しばらくハルカをながめた末，ケンタは身体を横に伸ばしてハルカの皿に残っている分を食べはじめた。ハルカも気付いているが，いやがる様子も見られない。ただじっとケンタの食べる姿を見つめている。

やがてA保育者がケンタに気付いて「あ，ケン君，それハルちゃんの」と大きな声を出した。その声がほかのテーブルで食事の介助をしていたB保育者に聞こえた。「あーらあら」と言いながら，B保育者はケンタの後ろに膝をつき，まずケンタをまっすぐ座り直させたが，もうその時はすでにハルカの皿は空になっていた。ケンタもハルカもケロリとした顔で，「取った」「取られた」という認識はないようである。ケンタは大食で，ハルカは少食なのである。しかしB保育者は，ハルカの皿におかずを少量のせてもどってきて，「もう少し食べよう，おいしいんだから，ね」と，あの手この手で食べさせた。

同じことが2日続いたので，この2人のいるテーブルは4人掛けとし，一人一人の間隔を長くとって，隣の乳児の給食には容易に手が届かないようにした。

### 事例8－2 「これ嫌い」

2歳児クラスの給食の風景である。マオが機嫌の悪そうな顔でおかずの皿を見つめている。C保育者がテーブルの反対側でフミオの援助をしながら「マオちゃんもお野菜食べようね，ニンジンとカリフラワー，おいしいよ。フミ君も食べてるでしょ，見てみて」と声をかけるが，マオはC保育者に視線を移し，今度はすがるような表情になった。

C保育者がマオの脇に移動してきた。膝をついてマオと同じ高さになり，フォークを持ってニンジンをマオの口元へ運んだ。マオは「これ嫌い」と言い，口を開けようとしない。「ニンジンおいしいんだけどなあ。甘くて」と，C保

育者は今度はフォークでカリフラワーを差し出した。マオは首を横に振る。他児が次々と食事を終え，エプロンと手拭を片付けはじめた。マオは身体をこわばらせて座ったままである。
　C保育者は他児の片付けを手伝うためにマオのそばから離れては，またもどってきて「食べようね」「嫌い，やだ」を繰り返す。「じゃあさ，ニンジンとカリフラワー，一口ずつ食べておしまいにしよう」と保育者が譲歩し，ニンジンをマオの口元につけた。マオは口をキュッと閉めてしまう。C保育者は「食べもしないで嫌いって言わないの。1つだけだから食べよう」と少々語気を強める。この日，マオはとうとう野菜炒めを食べないまま給食を終えた。
　「明日は食べようね」と言いながら，C保育者は小さなため息をつき，庭へ出ていくマオの後ろ姿を見つめた。マオは，しばらく砂場の近くで砂遊びをする子どもたちの様子をながめていた。保育者が「マオちゃんもやろう」と誘ったが，硬い表情で動こうとはしなかった。
　C保育者は，マオのことについて次のように語った。「給食はできるだけ残さず食べるべきだし，食べなければならないと子どもたちに思ってほしい。栄養のことだけでなく，食物に不足のない環境やつくってくれる人への感謝の気持ちは，自分が多少いやでも食べることから芽生えると思うからである。嫌いだから食べなくてもいいとは思わせたくない。保育者がそれを認めるべきではないと思っている。今日は時間が遅くなってしまったし，ほかの子に手が取られてマオちゃんへの援助が中途半端にしかできなかった。あの状況では仕方なかったと思うが，明日はできるだけマオちゃんに重点的にかかわってていねいに指導したい」。

　1歳児から2歳児にかけて，食事に対する個性がはっきり表れてくることが事例から伝わってくる。「食べたい」子どもと「できれば食べたくない」子どもがいて，食物の好き嫌いも乳児自身が自覚するようになる。食べることを楽しみにしている子どもへの援助はたやすいが，食べようとしない子どもへの援助は保育者の大きな課題となる。
　**事例8-1**のハルカ（1歳児）も**事例8-2**のマオ（2歳児）も，食の細い，好き嫌いのはっきりしている乳児である。嫌いなものは食べたくないと思うのは当然であるが，それに対して保育者は「食事を楽しみ合う子どもに成長していくことを期待」（保育所保育指針　第5章3）して，どうかかわるかを問われる。まずは目の前に用意された嫌いな食べ物を，どこまで食

べるかについて，保育者個々人の考えは様々であろう。**事例8-2**は「日ごろから食の細い○ちゃん」という，予測可能な状況における保育者の対応が描かれていたが，保育実践は**事例8-1**のように，不測の事態も多々起こり得る。想定外の状況でとっさにとる態度には，緻密な計算がされていない分，判断の根拠は抽象性が高く，かえって生身の保育者その人の本質があらわになるように思われる。**事例8-1**でケンタをとがめなかった保育者，**事例8-2**でマオのことを気にかけながらも他児へのかかわりを断ち切れなかった保育者の，願いは何であり，今後その願いをどのように伝えていくのか関心が高まるところである。

しかしどこまで食べさせるかという問題は，目に見える氷山の一角であり，食べるという人間の営みをどう捉え，給食において乳児に何を伝えるかがより重要な問題として横たわっている。食べることを通して何をどう育てたいのか，保育者一人一人が自分の考えを問い直し続けることが求められるのではないだろうか。

## 2 食べることの意味

さて，食事を楽しむとはどういうことだろうか。改めて考えてみると，さほど簡単に答えが見つかる問いではないことに気付く。食べなければ食事を楽しめるはずはなく，保育現場では食の進まない子どもに何とか食べさせようと，保育者が悪戦苦闘する姿を目にすることはしばしばである。しかし，「食べなさい」と詰め寄られて食べる食事が楽しいわけがない。そこで，離乳から1，2年という乳児が保育園の給食場面で，「食事を楽しむこと」と「残さず全部食べること」は，どちらが大事なのだろうかという問いを出発点として，ある短期大学の授業で保育学生にディスカッション・ゲームを試みた。

### (1) 学生のディスカッション事例

まず，「給食を全部食べられなくとも食事を楽しむことが大事」と主張

するグループと「残さず全部食べることが大事」と主張するグループに分かれる。この時，必ずしも自分の本心に従ってグループを選ばなくてもよい。大体半数ずつに分かれるよう，学生によっては「じゃあ私はこっちに入る」と融通してもらった。どちらにも「それは大事なことだ」と思える点があるため，入ったグループの主張を展開することは可能である。だからディスカッションではなくディスカッション・ゲームと呼ぶことにした。

次に演習室の椅子を丸く並べて，円の片側にグループの成員がまとまるように座る。円形なので，グループの境目は見た目にははっきり分からない。教員は乳児用のスポンジボール（直径30センチくらい）を持っている。このボールについて，いくつかの取り決めを行った。①ボールを手にしている者が発言者であること，②自分にボールをくれるように要求してもいい，③自分が発言した後，だれからも求められなければ，相手側チームの適当な相手にボールを投げて渡す，④自分にボールが飛んできたら，拒否はせず受け取って発言する。

学生たちは「負けないからねえ」と意欲に満ちている。本当に戦いの姿勢で臨む者もいて，いつの間にかそれぞれのグループに「楽しみチーム」と「完食チーム」という命名までなされた。教員がボールを投げた。ゲームの始まりだ。

## （2） ディスカッション・ゲームの流れ
〈楽しみチームの主張〉
　楽しみチームの学生たちが主張したのは，以下の点である。
① 食事は1人で食べてもおいしさを感じない。他者と，できれば好きな人と一緒におしゃべりを楽しみながら食べるからおいしいのだ。
② 楽しい気分で食べるのでなければ，栄養も身にならないと聞いたことがある。
③ 自分は好き嫌いがあって，保育園や小学校でなかなか給食が食べられなかった。先生に叱られて，泣きながら食べた辛さは今も忘れていない。昼休みも，食べ終わるまで1人だけ教室に残されていた。

第 8 章　乳児期の子ども理解と援助：食事について考える

あんなことをしていたら，給食の時間が恐怖になってしまう。給食の時間に楽しい思いをさせてもらえないなんて，子どもがかわいそうだ。まして乳児では，食べること自体が嫌いになってしまうのではないだろうか。

④　好き嫌いも長い目で見れば，解消される場合がある。大人になって，子どものころ大嫌いだった食べ物が好きになることがある。乳児期から，「とにかく何でも食べる」ことにとらわれて無理に食べさせるのは，いやな思い出もその食べ物の内になってしまい，好きになる可能性を摘んでしまうかもしれない。

⑤　「がんばって食べよう」と言うけれど，そもそも食事というのはがんばって食べるものではない。おいしくて楽しいから食べるのだ。努力とは別の問題として捉えるべきだろう。

〈完食チームの主張〉

①　人間の身体は栄養をバランスよく摂ることで，よりよく保たれる。好き嫌いはすべきでないし，保育者が乳児の好き嫌いを容認してしまっては，身体の発育を援助しないことになる。

②　特に給食は，栄養士が栄養のバランスを考えてメニューを決め，調理のプロがつくってくれているのだから，全部食べることに意義がある。

③　好き嫌いのほとんどは，食べず嫌いだろうと思われる。保育者や他児と一緒に食事をする中で，「食べてみたらおいしかった」という経験ができれば解決される問題が多いはずだ。それに，一度も口に入れないまま「嫌いだから食べない」というのは，保育上認めるべきではない。

④　いやなことから逃げずにがんばることを，乳児期から教えるべきである。食べられたらほめてあげることが大切だ。ほめられたらがんばれる。あきらめないで，「がんばったら食べられた」という達成感は子どもにとってうれしいことだ。

## （3） 主張の融合

　以上のような主張を交わしながら，学生たちは次第に自分たちの主張が歩み寄ってきていることに気付く。完食チームのムツコは「全部食べた方がいいには決まってるでしょ。でもさ，実際食べられない子に対して，口に食べ物を突っ込むわけにはいかないんだから。そんなことして，食事が恐怖になったら本末転倒なわけで。食事が楽しみなことであってほしいとは，私だって思ってる」と言い，「だから完食が望ましいけど，それしか考えないってことではない」と結んだ。それを受けて楽しみチームのサヤカは「私も楽しければ食べないで終わってもいいと思っているわけじゃない。やっぱり，食べてはじめて食事なわけで。だからさ，私たちの言ってることって，ほんとは同じなんだよね。残すべきじゃないっていう思いがどれだけ強いかがちょっと違うだけでさ，同じこと言ってるんだよね」と，両チームの主張が対立項ではなかったことに気付いた。ほかのメンバーたちも大きくうなずいて聞いている。「そうそう」という声も聞こえる。

　どうやら保育園の給食は，栄養バランスの整った食事なのだから残さず食べるに越したことはないが，全部食べることにとらわれ過ぎて食事の楽しさを損ねるのはよくない，でも食べようという意欲はもってほしいという延々と続く1つの理に行き着いたようである。二手に分かれてそれぞれ給食の違う側面の重要性を主張していたはずなのに，結局はどちらも否定できるものではないことに気付いた。「どちらも大切」ということが保育の世界にはたくさんあるように思う。その狭間で保育者の心は揺れながら，「今ここ」での自分の立ち位置を決め，子どもにかかわらなければならない。「保育は人なり」という言葉の意味はそんなところにあるのだろう。

## （4） 食事を楽しむとはどういうことなのか

　ここで教員がボールを受け取って，さらなる問いを投げかけた。「じゃあ食事を楽しむってどういうことなの？　おしゃべりすること？」なかなかボールを手にしようとする学生は現れない。皆じっと黙って考え込んでいる。

しばしの沈黙を破ってナツコが「先生，パス」とボールを求めてきた。彼女はまだ考え考えしながらゆっくり言葉を紡ぐ。「なんか，よくは分からないけど，食事の楽しさっていうのは，おしゃべりすることでもあるし，本当は，私たちが子どもにしてほしい楽しみ方っていうのは，そうじゃないような気がする」。次いでケイタは「食事なんだから，食べることが基本だよなあ。食べておいしいと思って，その気持ちを一緒に感じられる人がいるのがいいんじゃない？」と言い，ボールをポンと投げ上げた。受け取ったマミコはちょっと困った顔でボールを見つめていたが，「乳児期の話でしょ？　小さいころの食事の思い出って，すきやきの味を覚えてるわけじゃなくて，おいしいおいしいって言いながら家族で鍋をつついてることだよねえ。…関係なかったかな」と照れ笑いで言葉を結んだ。

　食事を楽しむこととはどういうことかと，問いを投げておいて，教員も正答をもっているわけではない。ただ，学生たちの言葉の核心に何があるのか好奇心を働かせてみると，次の要点にまとめることができると思う。食べることは，食物の摂取によって生命を保つことと，他者との団欒の2つの意味があるということだ。

　さらに考察を進めるならば，食べ物の摂取には調理が必要であるが，この調理も生き物であると考えられる。食事を提供する調理人も生命と意思をもっている。だから食事をすることは，農作物の生産者ばかりか調理人との意思の交わりでもあり，「感謝する心」はそのことの理解の上に生じるものである。現代は，特に富める国の者は世界各国の料理を簡単に口にすることができる。少々大袈裟かもしれないが，食への意欲や興味は，世界の多様性に対する好奇心とつながりがあるのではないだろうか。

## ③ 食事の援助

　食育がめざすのが食べることの喜びと，食べられることへの感謝を味わうことだとすると，乳児期にどのような食事経験をしておくことが大切なのだろうか。出されたものを子どもの身体に入れること自体が保育者の苦

労になりやすいが，子どもたちにとって食事を楽しんだり，食べられる環境にあることに感謝する気持ちは，毎日のどのような積み重ねによって実現されるのだろうか。園庭で栽培した野菜を収穫し，皆で食べればよいという単純なものではないように思われる。だが生活を共にする親しい人たちとの食事体験が，子どもたち一人一人にとって食事の原風景となり，生涯の食生活を方向づけることにはなるだろう。幼いころの食の記憶は，時に切ないほど甘美なものである。味を思い出せなくとも，家族や親しい人と食卓を囲んだ団欒の情景は温かい笑顔とやさしい笑い声を伴って再現する。

　NASAのレポートには，宇宙飛行士から食の楽しみが奪われると任務に対する士気が低下することが記されているという。時間の感覚が極度に薄れる宇宙空間では，食事の間隔（感覚）で時間のリズムを保つのだそうだ。宇宙食の開発に力を注いだところ，宇宙飛行士たちの時間の感覚は高まり，週末を楽しみに待つ気持ちが生じたらしい。「食欲は意欲」と幼い子どもに当てた言葉が連想されるエピソードではないか。

　子どもたちに，後々どのような原風景を思い出してほしいのか，その願いに食育の質が表れる。保育者にとっては，活動の選定と進行で達成感，充実感を味わった後，その保育の質を見つめ直す実践が始まるのだろう。事例に登場した保育者のかかわり方も，この短時間を切り取った場面だけで良し悪しを量ることはできない。この日のこの場面からハルカやマオにどのような願いを抱き，今後のかかわりをいかに積み重ねるかにこそ，保育者としての援助の技量が発揮されるのだろう。

---

**課　題**

　食事を楽しむとはどのようなことを意味するのだろうか。
1. これまでの食事体験をふりかえって，自分にとっての意味を考えてみよう。
2. 保育場面では，どのような楽しさを乳児に味わってもらいたいか。また，なぜそう考えるのか。

# 第9章 乳児期の子ども理解と援助：友達について考える

## 1 「友達」という意識

　乳児期は文字どおり人生の始まりの時期である。乳児の人間関係が，家族や保育園といった生活を共にする親しい人たちとの関係からスタートすることは第7章で見てきたとおりである。乳児期の発達には，身の回りの世話をしてくれる大人（養育者，保育者）との二者関係が親密にもたれることが重要で，この二者関係が親密であれば乳児は人間という存在への信頼感をもって，その後の人との出会いを受け入れていくことができる。身近な大人との二者関係を基盤として，友達関係を築いていくのである。

　乳児期の人間関係の育ちは，家庭と保育園を往復する生活をしている子どもと，集団施設保育を受けずに家庭で過ごす子どもでは，若干違いがあるかもしれない。子育て支援が充実してきたので，専業主婦とその子ども（幼稚園入園以前の乳児）も子育て支援センターや児童館が身近にある場合は，養育者の必要感に応じて他児とのかかわりがもてるが，あくまで養育者の判断と選択に委ねられる。家庭で過ごす子どもには，家族以外の人に愛着をもつ機会が自然に与えられるわけではない。その点，保育園に通う乳児は，より早い時期から養育者以外の人と生活レベルでかかわり，社会に開かれていく。安易によしあしを決めることはできないし，実際よしあしはどちらにもあるだろうが，「この人は私の友達だ」と感じる他児との出会いは，保育園児の方が早く経験するだろう。

　本章では，2歳児の1年間を通じて，乳児が特定の他児と親しい関係となり，互いに求めあい，相手も自分の気持ちに応じてくれることを喜ぶ姿

## 1 「友達」という意識

を見ていく。気のあう相手との出会い、その相手への「友達」意識の芽生えとその変容を読み取りながら、乳児期に育つものが何であるかを人間関係の側面から考えていきたい。

> **事例9－1** 「ね」 2歳児5月
>
> 　2歳児クラスには、男児の仲良し3人組ができつつある。ユキト（2歳11か月）、ソラ（2歳8か月）、シンノスケ（2歳10か月）の3人である。3人は朝の登園時間も8時前後とだいたい同じで、5月に入ってから、お互い登園するとまず部屋をうろうろ歩きながらほかの2人を待つようになってきた。3人目が登園すると、だれが見てもはっきり分かるくらい明るい表情で迎える。
>
> 　3人のうちユキトだけは言葉数も多い。喜怒哀楽は皆はっきり示すものの、ソラとシンノスケはまだあまり話さない。単語を発して状況や思いを伝える程度である。3人で一緒に遊んでいる時も、歓声をあげたりお互いに呼びあう声は頻繁に聞こえるのだが、言葉で相談するようなことはない。保育者の問いに言語的に答えるのは、たいていユキトである。
>
> 　5月のある日、3人は午前の自由な遊びの時間、何となく連れ立って積木や絵本で遊んでいた。女児が2人、保育者に「ディズニーの曲で踊ろうよ」と誘い、カセットで音楽をかけはじめた。ユキトたち3人も加わり、ディズニーのメロディに合わせてダンスをした。ソラが「もいっかい」と要求し、二度目のダンスをした。終わったところで、「今日は先生も入れてみんなで…ええと…1、2、3、…6人でダンスしたね」と保育者が言う。するとソラがすかさず「3にん！」と叫び、ユキト、シンノスケに顔を近づけて「ね」と言った。ユキトとシンノスケも、ソラの顔の近くで自分たちの顔を傾けて、「ね」と言った。見ている方が、なんだかくすぐったくなるような「ね」であった。
>
> 　それから3人は、ことある毎に「ね」を言いあうようになった。それは「ぼくたちは一緒にあそんでるんだよね」であったり、「同じおもちゃを使ってるね」であったり、「とにかくこうして一緒にいることがうれしいね」であったりする。

> **事例9－2** 「ね」で広がる仲間関係　2歳児8月
>
> 　ユキト（3歳2か月）、ソラ（2歳11か月）、シンノスケ（3歳1か月）の仲良し関係は今も続いている。3人とも少し言葉数が増えてきた。夏に入って女児サキ子（2歳7か月）を交えた4人で遊ぶことが多くなってきた。サキ子がユキトたちの「ね」に興味を示し、積極的に仲間入りしたのがきっかけであっ

た。サキ子は最初，だれかれかまわず，状況も選ばず「ね」と言って回ったのだが，唐突に「ね」と顔をのぞき込まれて不振そうな表情を向ける子どももいて，結局ユキトたちと「ね」の心情を共有するところに落ち着いたようである。

今日はソラがほかの子ども数名と絵を描いている間，サキ子を含む3名で園庭のブランコに順番で乗り，交代する時に何度か「次（ぼく）ね」「いいよ」などと言う様子が見られた。途中からソラも園庭に出てきた。キョロキョロあたりを見ている。ユキトたちを探しているようであったが，1歳児の担任が「ソラくんもかくれんぼする？」と誘うと，うなずいてかくれんぼに入った。

給食の時間なので保育者が促し，子どもたちは皆保育室に入っていく。ソラもかくれんぼをしていた他児たちと連れ立って引き上げ，靴を脱いでいると，シンノスケがソラを見つけて駆け寄り，隣に腰掛けて靴を脱ぎはじめた。2人目が合うとにっこりし，「ね」「お外で，ね」「いっしょね」と首を傾けた。

2歳児の春から夏にかけて，気のあう友達との気持ちの交流，共有を表している事例である。「ね」は発声しやすい語でもあるため，言語発達の比較的ゆっくりしている男児たちにも言いやすい。「ね」と声をかけられれば「ね」と応じる。これは「ね」が，自分たちがほかの子どもとは少し違う，特別な間柄であることを確信しあうための，うれしい合言葉になっていることを意味しているだろう。「ね」と言う相手はだれでもいいわけではなく，心の中で手をつないでいる3人に限られている。合言葉は特定の人間の間でしか用いないものだ。

サキ子がこの「ね」に関心をもち，自分もだれかと気持ちを共有しようと試みたが，他児に受け入れられなかったらしい。これは，日ごろユキトたちの「ね」を耳にしている他児が，自分はその合言葉のメンバーに入っていないことを知っていて，すんなりとは「ね」と言えなかったとも考えられるだろう。仲間関係というのは，特定のメンバーを仲間として認識することが前提であるため，そこに入りたくても入れないほかの子どもがいる場合がある。2歳児にはこの仲間意識が淡く芽生え，一緒にいること，同じ遊びを楽しむことの喜びを知る時期であるが，深めたい仲間関係の裏側に，排他性が横たわっていることを保育者は留意しなくてはならないだろう。

## 1　「友達」という意識

　もう一点注目したいのは，言葉の発達である。2歳児の1年間は，言葉の発達が著しい。男児3人組の言葉に発達が見られるのは自然な成り行きとも考えられるが，仲間関係の中で，相談しあったり交渉するような必要が生じることも，言葉の発達に影響するだろう。この人と遊びを共有したいという思いを実現するためには，言語的コミュニケーションも重要だからである。

**事例9－3　「ね」に対する保育者のかかわり　2歳児11月**

　夏にはサキ子が入って4人で一緒にいる姿が多かったが，ここにきてまた，男児3人の関係にもどったようである。サキ子には，マリナやアキホなどと女児同士の仲間関係ができつつあって，人形遊びやごっこ遊びで「ね」と言う場面もある。

　ある日，男児3人組は，給食を3人同じテーブルで食べたいと保育者に頼んだ。「ふうん，3人一緒で食べたいの」と保育者が言うと，シンノスケが「そうだよ，ね」と2人の顔をのぞき込む。願いは叶えられた。

　給食が済むと，3人は拳を前に突き出して保育室を走りはじめた。保育者がすかさず「あれ，ソラくんたちアンパンマン？」と尋ねる。ソラは一瞬立ち止まって「うん」と答え，またほかの2人に合流した。「それならさ，先生いいこと考えた」と保育者が声をかけるが，今度はだれも反応しない。キャッキャッと戯れるように走ったり，飽きたように他児の遊びをながめたりするようになった。保育者は戸棚からビニール風呂敷を取り出し，再び3人を呼んだ。「これ，つけてみない？」と，いたずらっぽい笑顔で提案する。ユキトが「やった！」と言うと，ほかの2人も「やった！」　3人は保育者にマントを結んでもらって，また拳を突き出して走りはじめた。時々振り返って，マントがなびいているのを確かめている。相手のマントを見て，笑いかける姿もある。シンノスケが「おしっこいく」と言ってトイレに向かうと，ほかの2人も「ぼくも」「おしっこいこう」と言い，連れ立って保育者に援助を求めにいった。

　3人は夕方も園庭でマントをつけて過ごした。走り回るのでなくとも，マントをつけていて時々「ね」と言いあうことがうれしいようだ。

　保育後に保育者は，この場面について次のように語っている。「『ね』と言って顔を見つめる仕草は5月からずっと続いている。最初はこの3人のメンバーにこだわりがあったと思うが，その後サキ子を受け入れて遊んだりして，3人でなければならないという堅さは薄らいだように思う。しかし気の合う友達はだれでもいいわけではないので，相手を選び，自分もまた相手から選ばれて特

第9章　乳児期の子ども理解と援助：友達について考える

別な関係ができるのは順当に育っている証だとも考えている。3歳児になった時に、もっといろいろな友達とも分かりあいたい、仲良くなりたいと感じられるように、今年は時間の限り、こうした仲間関係を深める援助を心がけていきたい。気のあう友達と徹底的に仲良くできる時間をつくりたいと思っている。『ね』を存分に味わって、友達への期待をもって幼児クラスに上がってほしい。『ね』は幼児期のいろいろな意味での発達の根になると考えている。」

　保育者は、これまでほほえましそうな視線で「ね」を見守ってきたが、「ね」と言って「ぼくたちは仲良しなんだよね」という気持ちを確かめあうことから一歩踏み出して、仲間同士の遊びをつくりだす援助を行っている。マントという象徴ができたことで、仲間意識を高めながら自分たちの遊びをする様子が事例に描かれている。彼らの仲間意識が「この3人だけ」という固い排他性を帯びていないことから、保育者も安心して3人の関係の深まりを援助しているのかもしれない。

　友達として認識している子ども同士が、その関係において互いに高めあうような生活を、遊びを通して構築していくのは、保育者の腕の見せ所である。その関係における子どもの育ちを、保育者は「いろいろな意味での発達の根」と言っている。特定の友達との遊びをじっくり深める生活の中で、全身運動、言葉、食事、排泄など発達が総合的に促されるのが理想である。遊んでいるから安心して目を離すのではなく、遊び方をよく見て、その遊びによって何が育っているかを見極めたい。「ね」という子どもの姿を糸口に、それを発達の根にしていけるか否かは、保育者の保育力にかかっていると言えるだろう。

### 事例9－4　「ね」の波及　2歳児3月

　秋以降、子どもたちの間で「ね」がよく聞かれるようになった。夏の間、ソラたちと「ね」を共有したサキ子が、その後仲良くなったミカと「ね」を言いあうようになり、次第に回りの子どもたちも「いっしょね」「おんなじね」「ね」と言うようになったのである。

　ユキト、ソラ、シンノスケの3人組は、相変わらず仲良しであるが、3人とも、このメンバーだけにこだわらなくなってきた。朝登園すると、近くにいる

別の子どもと遊びだす。
　ある日シンノスケはユキトとソラに「走ろう」と誘ったが，ユキト，ソラは砂遊びを既にしていて，答えなかった。するとシンノスケは，ユウ太を誘って走ることを選んだ。最近，散歩で行く公園で保育者が先頭を走り，マラソンをすることがあり，身体を動かすことの好きなシンノスケはそのイメージで「走ろう」と言ったのかもしれない。
　**午後の保育室での遊び**　では，マリがユキトとかくれんぼになった。保育者が「かくれんぼ？　いいなあ，先生も入れて」と言うとユキトが「いいよ」と応じた。マリは近くにいたソラに「ね，かくれんぼね」と言う。ソラも「ね」と答え，うれしそうに遊びに入った。
　仲良し同士で「ね」と言いあうことが時には，いたずらをして保育者に注意されると「ね」と顔を見あわせて笑い，逃げるような使い方をするようにもなってきた。先生とは違う関係のありようとして，友達という存在が意識されてきているように感じられる。

　このクラスにすっかり根づいた感のある「ね」であるが，「ね」はユキトたち男児3人組だけの合言葉ではなく，クラスの子どもたち全体に，共感を表す言葉として用いられるようになったようである。ユキト，ソラ，シンノスケにとっても，「ね」と言って気持ちを通わせることのできる相手はほかにもいることに気付き，人間関係を広げる言葉の糸口になったのではないだろうか。

## 2　友達のいる生活

　事例を通して，2歳児の1年間に繰り広げられる友達との関係の一端に触れた。ほんの一例の，しかも断片的な記録ではあるが，私たちが2歳児について大まかなイメージを形成するために重要な情報が散見された。ここでは，2つの視点で総括したい。

### （1）　友達との関係を軸に発達が促される

　男児3人は1年の間に（事例に記述されている点だけ見ても）成長している。

1つは，彼らの人間関係そのものの成長である。3人が互いに仲良しであることを認めあい，受け入れあうことは，彼らに喜びをもたらすだけでなく，共感しあえる他者一般(同じような関係になれる可能性のあるほかの人たち)を彼らが受け入れる準備を整えた，とも言えるだろう。特定の人との親密な関係が「私たち」を成立させ，さらに今後，ほかの人との新たな関係をつくっていくための開放性につながっている。サキ子を受け入れたこと（事例9−2），ユウ太を誘って自分のしたい遊びをしたこと（事例9−4），マリとの遊び（事例9−4）がそのことを語っている。

　2つ目は，言葉や生活習慣の発達である。言葉はこの時期に目覚しく語彙が増えるのは当り前のようだが，友達関係が基盤となっているところに注目して考えてみよう。そもそも彼らにとって「ね」という発話はどのような意味をもっているのだろうか。ぼくは君を受け入れ，認めている，何より君が大好きだ，君もぼくを受け入れ，認め，好きであってほしい，そんな思いを懸命に伝えようとしているのではなかったか。対象（それが何であれ）を一緒に見ていたい，同じ意味を共有しあって見ていたい，そんな思いの切実な表れのように受け取れる。それがあまりにストレートかつ純粋な表現であるために，保育記録の記述者も「見ている方も，なんだかくすぐったくなるような『ね』であった」と記したのだろう。伝えたい思いが生まれる，それを伝えようとする，相手が受け止めて返してくれる，そんな関係の仕方が，「伝える言葉」をはぐくんでいる。

　また，トイレットトレーニングの途上にあるらしい彼らも，友達と連れ立って主体的に排泄しようとする姿も描かれている（事例9−3）。ここでは言葉と行動の連動も読み取れる。

　気の合う友達との出会いは，彼らにとって，思いを傾けないではいられない，さしあたりほかには何もいらないほど，かけがえのない経験であるように思われる。その経験が互いの心に言葉を成立させ，大人が躍起になってもなかなか教え込むのが難しい課題に，共同で向かわせるのではないだろうか。

## （2）「おそろしき2歳」の面白さ

　事例は，仲間意識の芽生えと関係の発達に注目した保育者によって保育場面が切り取られているために，ユキトたち3人の関係があまりにもスムーズに深まったかのようにも読める。しかし現実には，事例と事例の間に様々なドラマがあり，シンノスケがおもちゃを独り占めしたくてほかの2人とトラブルの続いた時期も挟まっている。それでもなおかつ，この3人が，長い目で見れば着実に関係を深めていることに保育者が驚きと関心を傾けたのであった。

　2歳児（本来は年齢の2歳をさしている）は「テリブル2（おそろしき2歳）」と言われるほどに，自我が急速に芽生え，自己表現の激しい時期でもある。この言葉の由来は，英国のウィリアム王子が2歳の時，エリザベス女王の時価数千万円のハンカチを持って逃げ，女中に追い掛け回されたあげく，トイレに流してしまったことにあるらしい。そこでチャールズ皇太子が「William oh terrible!」と叫んだのだという。

　子育てには支援が必要とされる理由はいくつもあるが，2歳児と生活を共にする大人がたいへん疲れることは，親にも保育者にも経験知があるだろう。2歳児保育はこのおそろしき人たちに，食事や排泄の自立という大きな課題を突きつけることでもあるから，保育者にとっても苦労な年齢かもしれない。しかし，「ああしたい」「自分でやりたい」と主張し彼らも，一方で「甘えたい」欲求を満たしてもらうことによって「がんばっている」と考えることもできる。本章で紹介した事例は，かくも彼らが人とのつながりを求めていることを確認できるほほえましいものであった。

---

**課　題**

1. 事例から，保育者の援助を抜き出してみよう。
2. その援助は，保育者のどのような「子ども理解」に基づいて，どのような「願い」をもってなされたのだろうか。

# 第10章 幼児期の子ども理解と援助：配慮が必要な子どもについて考える

## 1 事例を通して，「読み取る」ことの大切さを考える

はじめに，実習で以下のような場面に出会った時，あなたはどうするか，考えてみよう。

> **事例10－1**
>
> 　幼稚園2年保育4歳児クラスのタイスケは，特定の友達ヤスコとナルミを見つけるとうれしそうに駆け寄り，無言のままニコニコと笑いながら正面から肩の部分を勢いよく押すことが2学期の初め，度々続く。ヤスコとナルミはそのまま倒されて尻もちをつき，びっくりしてしまうことが続く。

　実習生としてその場に居合わせた場合，あなたはタイスケの行動をどのように理解し，どのように対応することができるだろうか，考えてみてほしい。

### （1） タイスケの行動を止める方法とは

　まずは，ヤスコとナルミのけがにつながらないよう，タイスケの行動を止める必要があるだろう。そのために止める方法を考えることとなると思われる。では，止めるためにはどうすればよいだろうか。「押してはいけません！」と口で言うのは簡単かもしれない。しかし，口頭で制止を促すことが，〈"押す"という行為〉の制止，すなわち解決にはつながらない場合がある。では，保育者が走りだしたタイスケの先回りをし，ヤスコとナルミに近づけさせない，もしくは，常にヤスコとナルミのそばにいて，タ

イスケに押されないよう守る，ということが可能だろうか。これは，乳児クラスに見られる"かみつき"への対応と同様，現実的な対応とは言えなさそうである。

　では，どうすべきか。行動を制止するためには，行動の根底にある〈"タイスケの気持ち"の理解〉が必要不可欠であり，行動の意味を推測し，そこにていねいに向き合っていくこと以外，"行動を止める"という結果には結びついていかないと思われる。

## （2）　どう読み取るか

　「なぜ，タイスケは"笑顔で"押すのだろうか」これを理解しない限り，行動を制止させることはできないと思われる。表情から気持ちを読み取ること，すなわち，〈笑顔〉で〈押す〉ということを，どのように解釈するかが援助の方向性を決めると言ってよい。

　この事例でのタイスケの姿は，この時期の「ヤスコちゃん大好き！」「ナルミちゃん大好き！」という気持ちの表現だったと推測できる。

　"押す"対象が，特定の女児であるという"状況"，うれしそうに駆け寄るという"表情や行為"をどのように読み取るか。様々な角度から理解を試みて推測し，推測に基づきかかわる，すなわち，援助をする，という循環が自ずと生じるだろう。これが保育の営みだと言える。

　上の事例だけを読んで，皆さんがタイスケがヤスコとナルミだけを押す理由を推測することは難しいと思われる。しかし，日々，タイスケと接していた保育者である筆者は以下のような仮説を立てることができた。

　【仮説：タイスケが友達に興味をもちはじめた！→タイスケはヤスコとナルミが大好きなのでは？→だから，園庭で2人を見かけるとうれしくなって走り寄るのでは？→走り寄るものの，どのようにかかわればよいか分からず，勢いのまま，押してしまうのではないか？→ならば，2人のところへ走り寄って「大好き！」という気持ちを伝える術を教えてあげればよいのではないか？】

　このような仮説が立てられたとき，仮説に基づき，タイスケへの援助の

方法を考え，具体的な援助を試みることができてくるのである。しかし，タイスケの"行為"にのみ着目してしまうと，特定の女児を"押す"ことをどのように止めさせるべきか，その方法にのみ目が向いてしまうだろう。行為の裏側にある気持ちをどのように理解するかが援助の手だてを考える上ではとても大事であると言える。"押す"という行為だけに目を向けて子どもを理解するのではなく，子どもの姿を多角的に捉え，その上で1つの行為の意味を理解することが求められる。

　この事例の場合，"好き"という気持ちの表現として押していると考えられるのならば，"押す"という行為をむやみに厳しく静止するのではなく，ほかの表現の仕方を教えてあげて代用させることが結果的に"押す"という行為を止めることにつながっていくと言えよう。また，この時，ヤスコとナルミにもタイスケの思いを保育者が伝えることを忘れてはならない。〈自分のことを"押す"乱暴なタイスケ〉と〈自分のことが大好きだから笑顔で駆け寄ってくるタイスケ〉では，タイスケに対する印象は全く違ってくるからである。その印象の違いだけでも子どもたちの関係に少なからず影響が及ぶと思われる。

　さて，ここまで，タイスケのことを細かくは書かずに皆さんに対応を考えてもらったが，どのような子どもだとイメージしただろうか。

　おそらく，"口下手な子ども"や"障害をもっている子ども"だと考えたことが予想される。

　タイスケは，2年保育4歳児クラスに入園した当初，言葉によるコミュニケーションをとることができず，また，集団行動は苦手で，雨の日も園庭に出て，1人で外を通る車を見て遊ぶことが多かった。したがって，2学期になって徐々に友達を意識するようになり，特定の友達に対して笑顔で駆け寄るようになったことはタイスケにとって大きな変化であり，タイスケの様子を知っているほかの子どもたちにとっても，驚くような出来事であった。したがって，決して「押されていや！」という感情のみをタイスケがもたれるような状況ではなかった。それは，尻もちをつく状況が度々続いたことの背景に，ヤスコとナルミが"逃げる"ということをせずに，

笑顔で駆け寄ってくるタイスケのことを，半ば無意識に受容していたともいえる。だとしても，けがにつながる恐れのある行為ではあるため，"押す"という行為の制止は必要な対応だといえる。その時に，子どもたちの関係性にも目を向けて援助をしていく必要があることに気付いてほしい。

同じく，タイスケの事例をもう1つ，見てみよう。

> **事例10－2**
>
> 4歳児クラスの秋に，クラスの子どもたちにとっては初めての運動会が行われた。事前の日々の練習場面で"待つ"ことはタイスケにとって難しく，かけっこはタイスケの順番の時にタイミングよく誘うとうれしそうに走ることはできるが，年中組全体のマスゲームは担当保育者と共に日によって部分的に参加をする程度で，あまり興味を示さなかった。運動会当日は，"みんなと一緒に参加してほしい"という周りの大人の願いを感じとったのか，練習時よりも参加をしていたが，最後の閉会式のところではその場を離れたくて何度か走りだし，その都度，担当保育者が声をかけ，列にもどることが続くと，最後には担当保育者の腕を強くかみ，その場から去ろうとした。

ここでも，タイスケの"かむ（かんでしまう）"という行動をどのように理解すべきか，ということが問われる。ちなみに，タイスケが他者を思い切りかんだのはこの時が初めてであった。

皆さんなら，彼の行為をどのように解釈するだろうか。

この事例は，筆者が担当保育者として，"当事者"であったことをまず記しておくことにする。初めて"かまれた"が，かみ方が強く，歯型がくっきり残り，血が出るほどだったため，運動会終了後，すぐに治療をしてもらった。その時，その場に居合わせた保育者は皆，タイスケの強暴な一面に驚き，ひどく筆者を心配してくれた。筆者自身もタイスケの怒りの強さに驚くとともに，タイスケに対し，とても申し訳ない気持ちになり，反省をしたことを強く覚えている。この"かむ"という行為はタイスケの不満の表れ，一番身近にいた特定の他者（すなわち筆者）に対する"訴え（表現）"だと捉えたからである。

当時の彼は集団行動が苦手で"待つこと"が苦手であった。苦手，という言い方は不適切かもしれない。集団行動の必要性が分からない，待つことの意味（意義）が分からなかった，という言うべきかもしれない。この"事実"を知っていたはずの身近な大人たちはタイスケに運動会当日のみ，集団行動を強要してしまっていたのである。彼の"今の状態"を的確に捉え，今の彼に必要な，自発的に頑張れるようなハードルを設けることが必要であったはずなのに，みんなと同じように"待つ"こと・"並ぶ"ことを彼に強要したのである。これは彼にとってこの時に必要な経験ではなく，また，適切な援助でもなかったのである。背景には，保護者の"みんなと同じように参加させてほしい"という強い希望があったが，これは言い訳にはならない。保育者として，園での今までの姿・今の姿を伝え，共に長い目で彼の成長を見守っていくための共通理解を図り，彼が充実できる参加の仕方を模索すべきだったのである。

これは，特別な配慮が必要なタイスケにのみ当てはまるものではない。健常児であっても，例えば当り前のように長時間"並ぶ"ことを"させる"のではなく，「今，この子どもたちに，この経験は本当に必要なものなのか」を常に検討し，保育をしていくことが必要だと思われる。

このことを踏まえ，次節の文言について考えてみることとする。

## 2 見通しをもって援助する大切さを知る

まずは以下の文章を読んでみよう。

「幼児の指導に当たっては，集団の生活の中で生活することを通して全体的な発達を促していくことを配慮し，支援のための計画を個別に作成することなどにより，個々の幼児の状態などに応じた指導内容や指導方法の工夫を計画的，組織的に行うこと」

この文章は，集団生活の中で育っていく一人一人の子どもに対して，保

2　見通しをもって援助する大切さを知る

育者が個々の子どもをしっかり"理解"し，その理解に基づき，長期的な育ちを視野に入れつつ，その時その時の短期的なねらいを定め，指導をしていく，という"計画"に関する文章であり，特別な対象を想定したものではないと読み取れる。この文章は，幼稚園教育要領の中に記されている文章の一部を省略したものであるが，どの部分に当たるか考えてみてほしい。

全文は以下のとおりである。

　障害のある<u>幼児の指導に当たっては，集団の中で生活することを通して全体的な発達を促していくことに配慮し，</u>特別支援学校などの助言又は援助を活動しつつ，例えば指導についての計画又は家庭や医療，福祉などの業務を行う関係機関と連携した<u>支援のための計画を個別に作成することなどにより，個々に幼児の障害の状態などに応じた指導内容や指導方法の工夫を計画的，組織的に行うこと。</u>〈下線は筆者による：下線部は，同節の冒頭に記した文章部分に当たる。〉
（幼稚園教育要領　第3章　指導計画及び教育課程に係る教育時間の終了後等に行う教育活動などの留意事項・　第1　指導計画の作成に当たっての留意事項　2　特に留意する事項　（2））

子どもたちが集団生活をしながら育っていく幼稚園・保育所では，園の目標があり，クラスの長期・短期のねらいと計画があるが，一人一人の子どもの育ちに対しても，障害をもっている子どものみならず一人一人の全員に対して，保育者が思い・願いを込めて保育をしているものである。目の前の子どもに対し，具体的にどのような援助をするかは，〈今，この段階の，この子の姿をどのように理解し，どのように育ってほしいと願っているのか〉という見通しと切り離せない。今だからこそ強く言う，今はあえて言わない，等という判断を下すのは，その子の"今"を知る"私"がどのような思いをもって，どのように判断するか，にかかっているのである。したがって，その判断が正しかったのかを省察することは，必要不可欠になってくる。「ここまで育ってきたのだから，次のこの子のねらいは

○○である」というような,その子の育ちに対する願い,ステップアップを見通した援助が欠かせない。

次の事例を通して,さらに考えてみよう。

### 事例10-3

　4歳児クラスの保育園児リエは自分自身の気持ちをうまくコントロールすることができず,一度興奮してしまうと大きい声を出して叫んだり,トイレや部屋のコーナーなどの狭い空間に入り込み,耳をふさいで気持ちを落ち着かせないと次の活動に取り組めない日々が続いた。そのため,ほかの子どもたちはリエの興奮状態を敏感に察知し,さっと周囲からいなくなったり,リエがその場から去っても特に気にすることなく過ごしていた。

　リエが4歳児クラスの環境にも慣れて,徐々に自分自身の気持ちをコントロールできるようになり,パニックを起こしたりその場から去ってしまうことが少なくなってきたころ,クラスの子どもたちはドン・ジャンケンポン*のゲームを集団で楽しむようになり,保育者のうながしもあって,リエも子どもたちと一緒にその場でドン・ジャンケンポンをするようになった。

　この日はクラスの子どもたち全員でゲームを始めた。なかなか勝負がつかない状態が続くと子どもたちの中には飽きてしまってやめていく子が出てきたが,リエは硬い表情のまま,ほかの子どもの合図で陣地を飛び出し,対戦相手の子どもの掛け声でじゃんけんをし,相手の子どもの動きを見てオドオドと前に進んだり自分の陣地にもどる,という参加の仕方でその遊びの場面に居続けていた。

　年に数回,クラスの中でのリエの姿を見せてもらう筆者は,保育者がうれしそうに「みんなと一緒に遊べるようになったんです！」と報告してくれ,ほかの子どもたちと共にドン・ジャンケンポンをしている姿を見た時,リエの成長に対し,感心したことを覚えている。しかし,子どもたちの遊びを見ているうちに,徐々に違和感を覚えたのであった。

　その違和感は,"リエは何を楽しんでいるのだろうか","一緒に〈遊んでいる〉と言えるのだろうか"というものであった。そのことを保育を見せてもらった後,保育者と共に話しあった。

さて，友達と一緒に"いる"ことができるようになったリエの姿は確かに成長を感じさせるものであった。そのこと自体を喜ぶ保育者の姿を見て，リエ自身もうれしく感じ，精一杯張り切って頑張っていたと思われる。しかし，"いる"という状況に満足するのではなく，"いる"ことで何を経験しているのか，何を楽しんでいるのか，を保育者は読み取り，次にどのような援助が必要なのかを考えることが必要であると感じたエピソードである。そして，保育者との話し合いではリエがほかの子どもたちとこの遊びを楽しむためには，じゃんけんの理解（じゃんけんのルールの獲得）が必要だろう，と確認し合った。これは，じゃんけんが"できる"ようになることが最終的なねらいではなく，じゃんけんが分かるとリエが自分自身で勝ち負けを判断し，自信をもってほかの子どもたちと共に遊びを楽しむことができるだろう，という見通しに基づく判断であり，"みんなと共に遊びを楽しんでほしい"という願いに基づく援助の手立てとなっていくのである。

　このように，一人一人の子どもの成長をていねいに見守りながら，その子にとって"今"必要な経験を的確に判断することが，子どもの成長に欠かせない援助だと言えよう。ありのままの子どもの姿・気持ちを受け止める。そして，こちらの思い・願いを込めてしっかりかかわる，ていねいにかかわる。これは配慮が必要な子どもたちを保育する上ではとても大切なことであり，配慮が必要な子どものみならず，目の前の一人一人の子どもを保育する上で共通する大切なことだと言える。

＊「ドン・ジャンケンポン」の遊び方

　線を引いてコースをつくる（直線や曲がった線など）。2グループに分かれて出陣する順番を決め，線の両端に1列に並ぶ。先頭の人の前に垂直の線を引いてその後ろを陣地とする。合図で先頭がスタート。コースに沿って相手の陣地を目指して走り，相手と鉢合わせになったら，「どん！」と言ってお互いの手を合わせ，じゃんけんをする。勝った人はそのまま先に進み，負けた人はコースから離脱して自分の陣地にもどり，列の最後に並ぶ。負けたグループの次の順番の人は負けたと分かったらただちに走っていき，またじゃんけんをする。先に相手の陣地に足を踏み入れたグループが勝ち（応用として，平均台をコースに見立て，バランスを崩して平均台から落ちるとアウトという要素を加えてやることもできる。幼児の場合，危険も伴うので注意が必要）。

## 課　題

1．事例10－1で"駆け寄って押す"行為が"好き"という気持ちの表れである，と読み取れたとき，あなたはタイスケにどのような働きかけをするか，具体的に考えてみよう。
2．事例10－2を読んで，この時期のタイスケにとってどのような参加のしかたが好ましかったか，考えてみよう。また，幼稚園修了までにもう一度経験するであろう年長クラスでの運動会での目標も，合わせて考えてみよう。
3．事例10－3を読んで，リエがじゃんけんのルールを習得するために，保育者として具体的にどのような援助をすべきか，その方法を考えてみよう（じゃんけんを一方的に教える方法，を意味するのではないことに注意し，様々な方法を考えてみよう）。

# 第11章 幼児期の子ども理解と援助：保育所の事例

## 1 子ども理解と援助の関係

　保育に子ども理解が重要であることは論を待たない。また，保育者は子どもを援助する存在であることを疑う人はいない。子どもは自ら周囲の環境に働きかけ，やりとりしながら伸びていく存在だからである。ではこの2つはなぜ保育において大切なのだろうか。

　授業を通して学ぶ小学校では，その学習内容は，おもに算数や国語などの教科書に詰まっている。幼稚園や保育所に教科書（のようなもの）がないことは周知のことである。小学校の学習内容に相当するものとしての，幼稚園や保育所の保育内容は，そこでの生活全般にわたる，保育者と子どもとのかかわりによって織りなされる。その際，保育者のかかわり（イコール援助）は，その保育者が目の前の子どもをどのように理解しているかという子ども理解によって，どのような援助をするかが異なってくる。それは，1つには，その保育者がその時その子どもに何を望んでいるのか，その子をどう育てたいのかによって違うからである。また子どもの方も，たとえ同じ遊びをしていても，個々の子どもがその遊びに感じている面白さも違えば，そこで体験していることもそれぞれに違っていて，同じ遊びをしているから，子どもの中で起こっていることも同じであるとは言えない。このことは遊びにとどまらず，園で子どもが行っているすべてに言える。だから，保育者はそれを捉えないと援助はできない。

　保育所保育指針は，「第1章3保育の原理（2）保育の方法」において「保育の目標を達成するために，保育士等は，次の事項に留意して保育しなけ

ればならない」として以下のように述べる。

　ア　一人一人の子どもの状況や家庭及び地域社会での生活の実態を把握するとともに，子どもが安心感と信頼感を持って活動できるよう，子どもの主体としての思いや願いを受け止めること。
　イ　（省略）
　ウ　子どもの発達について理解し，一人一人の発達過程に応じて保育すること。その際，子どもの個人差に十分配慮すること。

　さらに，「第2章2発達過程」では，子どもの発達過程の区分は，「同年齢の子どもの均一的な発達の基準ではなく，一人一人の子どもの発達過程としてとらえるべきものである。また，様々な条件により，子どもに発達上の課題や保育所の生活になじみにくいなどの状態が見られても，保育士等は，子ども自身の力を十分に認め，一人一人の発達過程や心身の状態に応じた適切な援助及び環境構成を行うことが重要である」としている。

　これらのことは，子どもの理解と援助が〇歳という形でひとくくりにできないこと，年齢区分の発達の姿は，単純にその年齢の子どもの姿にならないこと，あくまで，目の前の一人一人の子どもを見て，援助するということを示すものである。では，保育所保育の実際において，保育者の子ども理解と援助はどのように行われているのであろうか。いくつかの場面で見てみよう。

## 2　様々な場面に見る理解と援助

### （1）食　　　事

**事例11－1**　5歳児　8～9月

　この園は自園で調理した給食を出している。エミはいつも食べるのが遅く，最後になる。意欲的に向かっている感じはなく，いやいや食べていて遅くなる感じである。今日の昼食は，4，5歳児一緒にホールで食べた。大部分の子どもが食べ終わった後，食べこぼしを片付けてお昼寝のためにござを敷く関係もあるのだろう，クラスルームに移動させられ，椅子をテーブル替わりにして床

に座って食べている。食べていると言っても，ゆっくりでも食事が進んでいるという感じではない。もう食べたくないとも言わない。やってきた担任は，「どれっ…」と養ってあげる。今日の給食のおかず，サンマの煮付けは好きではないらしいが，口に運んでもらうとモグモグと口を動かしている。その様子に「ほら，お魚食べられるじゃない」と保育者は言う。

　保育者によると，エミの家では，米をといだり，おかずをつくるなどの食事の準備は，仕出し屋に勤務したことのある祖父がもっぱらしているらしい。この園では，3歳児以上は家庭から主食を持参するのだが，弁当箱にごはんを詰めて持たせるのも祖父であると言う。母親は就業しているわけではないが，家事はあまりしないらしい。お祖父さんも一生懸命子育てしてくれるのであろうが，やはりお祖父さんではなかなか行き届かないこともあり，魚のような，小骨をとるなど手のかかるものは苦手で，咀嚼も上手ではなく，食べるのが遅く，時間がかかると保育者は話す。

　翌週，月1回のお弁当の日を利用して，電車で一駅行った所へ園外保育に出かけた。帰りは市役所のバスが迎えにくることになっていた。時間を勘違いして，昼食時間が30分しかなくなってしまい，バスが待っている中，時間を気にしながら急いで食べることとなった。エミのいつものペースを思い，食事が終わりバスへと向かう道中，担任に様子を聞くと，今日はお弁当で嫌いなものがないのでモリモリ食べ，十分バスに間に合ったと担任は言い，「ねっ」とエミと目を合わせて首を傾けて合意の合図をする。

　保育所は，基本的には働いている保護者に代わって家庭保育の補完を行うことをその責務としてきた。そのため，給食が提供されることが多い。家庭から持参する弁当ならば，保護者が子どもの嗜好・好き嫌いを心得ていて，嫌いで食べられないようなものを副食として入れてくることはあまりない（嫌いなものを食べるように保育者に仕向けてほしくてわざと入れてくる場合は別）。そのため事例のような姿に出会う。養うというのは，まだ箸をうまく使えないような幼い年齢か，腕や手にけがをしていて箸やスプーンが持てない，体調が悪く自分で箸やスプーンを口に運ぶ気力がないなどの場合である。5歳児エミはこのどれにも該当しない。しかし，こうして，養うことで嫌いなサンマを口にすることができている。孫をかわいく思わない人はいないだろうが，好きなものだけを食べさせているなど，祖父で

はやはり行き届かないところもあり，嗜好が広がるような細やかなかかわりは難しいのではないかと考え，その部分を手助けしている。いつもできるわけではないが，来春には就学を控え，嗜好の広がりを願っている。

## （2）排　　泄

**事例11-2　お手伝いしようか　3歳児　5月**

> 食後，トイレ脇にある棚に物を取りにいった主任は，そこで作業をしていて，ミチヤがトイレに入っていることに気付いた。子どものトイレの戸は低い。「おや，ミチヤくん，いたのね。どう？　いいウンチでた？」と声をかけた。中でミチヤは，「でたー」と返事をする。保育者が「そう，よかった，よかった」「<u>自分で拭ける？　お手伝いしようか？</u>」と声をかけると，中から「できなーい」の声。「わかった，お手伝いするよ」と保育者は中に入っていく。

入園始期が3歳からである幼稚園では，かつては3歳で入園する際には，排泄の自立はできていると考えるのが普通であった。そのため，3歳未満児のいる保育所ではなく，幼稚園に就職したいと考える学生の理由の1つに排泄の世話をしなくてもいいということがあげられることもあった。状況によって失敗することはあっても，トイレットトレーニング用の紙パンツを履いて入園する子どもはまずいなかった。今はそんなわけにはいかない。最近は，家庭での親の子育てのありようも変わり，核家族家庭が増え，地域の子育て体験済み世代とかかわることもあまりない。家庭や地域の世代間で子育ての知恵が伝承されなくなって，オムツを外すタイミングが分からない，汚れものが増えてめんどうだから失敗したら捨てられる紙パンツの方が便利だという理由で，パンツへの切り替えを積極的には望まない保護者が増えてくるなど，排泄に関するしつけも様変わりしてきている。

大きくはそうした変容が背景にあり，また，3歳児は身辺のことが1つ1つ自分でできるようになることに喜びや大きくなったという成長を感じる年齢だが，春はまだうまくできないことも多いという捉えがある。ここでは保育者に，3歳のミチヤは大便後の始末はまだできないかもしれない

という理解がある。ミチヤが感じていると思われる排泄の成就感を十分認め、共に喜び合いながら、その後始末のことを気にかけて言葉をかけている。偶然居合わせたトイレでのかかわりではあるが、いくつかの背景に配慮がなされたかかわりである。

## （3） 午睡（昼寝・休息）

**事例11－3　眠くない　3歳児**

　カイトは母親の仕事の都合で途中入所してきた。体つきもしっかりして運動能力も高く活動的でよく遊ぶ。しかし、昼寝が嫌いで「眠くない」と言ってその時間帯にはなじまなかった。担任はこの子は体力もあり、昼寝の必要もないのかもしれないと、特に寝かしつけるようなかかわりはせず、ただ、「寝なくてもいいからしばらくの間静かにしていてね」と頼み、彼もそれに従って、自分の布団に座っていることが続いた。

　夏になってプールが始まった。ある日、保育者は、暑さで体力も消耗するので、寝なくてもいいので座っている姿勢から少し横になることをすすめ、カイトは素直に従った。保育者に、寝かせようという気は全くなかった。だが、プールの疲れや暑さも手伝ってか、カイトは不覚にもぐっすり寝てしまった。目が覚めてそのことに気付いたカイトは、翌日から「ぼく、ごろんしない」と首を横に振って、コックリしそうになっても頑張って両腕でからだを支えているようになった。しばらくそういう日々が続き、そのうちに抵抗なく寝るようになっていった。

　幼稚園に比べて保育時間の長い保育所では（幼稚園は4時間を標準、保育所は8時間を原則とする），一般的には[1]昼食後、身体を休めるために午睡（昼寝）がある。保育所では、就労している保護者に代わって祖父母が登降園に付き添うということも多く、保育者の勤務体制や保護者の仕事の都合で直接会えないこともあり、子どもと共に家庭と園を行き来する連絡ノートが、家庭での出来事や保護者の要望を園や担任に伝え、園での子どもの様子を保護者や家庭に伝える。保育者は午睡時に家庭への連絡ノートを書きながらちょっとした休憩をとることが多い。本当は寝てほしいところであろう。

カイト側の事情を勘案しながら、無理に寝かせようとせず、身体を休めることを提案するところに保育者の子ども理解がある。寝ることができるというのは、場所や人など周囲の環境に慣れないとなかなか眠れない子もいることからも分かるように、家庭での睡眠時間やその日の運動量、その子の体力などによっても異なり、デリケートなものである。途中入園ということや体力もあるなどの判断のもと、保育者は子どもの主張を受け入れている。そのことは基本的な信頼関係を築くことにもつながるのではないだろうか。子どもも寝なくてもいいのでしばらくここにいてほしい、横になってみたらどうかという保育者の頼みやすすめを聞き入れている。不覚にも寝てしまったと気付いて以後、今度はその失敗を繰り返さないように眠くなった体を支えている姿を、保育者はカイトのこだわりとして許容しながら、次第に園生活になじむ中で昼寝への抵抗がなくなっていった。

## （4） 衣類の着脱

**事例11-4　パパの教えてくれた脱ぎ方と…　3歳児　8月**

　　体を動かして、汗ばんできたのだろう、1枚脱がせてとやってきたダイ。保育者がポロシャツの裾をまくりあげるようにして脱がせてあげようとすると、ダイは「パパが教えてくれたのと違う、こうして…」と腕から抜くやり方で脱ぐと言う。しかし、うまくいかない。保育者は「<u>そう、おうちでパパが教えてくれたのー。よかったね。でも、ちょっとこのお洋服は、そのやり方だとうまくいかないから、今日はこうしてやってみよう</u>」と、裾をまくりあげて頭から脱ぐやり方をもう一度すすめ、ダイは脱ぐことができた。
　　ダイが父から教わったという片袖ずつ脱ぐやり方と違って裾からまくっているので、ポロシャツは裏返しになっている。保育者は「ダイちゃん、裏返しできる？」と聞くとダイがうなずくので、「じゃ、お願いね」と言うと、ダイは「ぼく、できるんだよ」と言いながら、裏返す。「おっ、じょうずねー。おにいちゃんだものね」と保育者は言う。

ダイは長子でおっとりしている。春に弟が生まれ、兄としての自覚も出てきた。自分でできるというダイの気持ちを汲んで、保育者はダイが自分

の思うようにやるのを見てから，下線のような言葉をかけている。誕生日を迎えるとか，上のクラスに進級するのと同様，弟妹の誕生予定は子どもにうれしさと同時に大きくなったという誇らしさや自覚をもたらす。だが，子どもによっては母親を始め周囲の大人の愛情を奪われることへの不安や嫉妬のような感情を抱えることもあり，押しなべて喜びの感情だけに彩られるわけではなく，子どもと言えども複雑な思いも顔をのぞかせる。

　ダイの祖母は降所時の迎えにきた際，「ダイがかわいくてかわいくて…（しょうがない）」と言っていたそうである。ダイが2歳児の終わりころ，母の妊娠が分かって，その誕生を担任もダイの家族と共に心待ちにしていたころの話である。長子として，祖父母，両親に囲まれてその愛情を一身に集めて温かくはぐくまれてきたダイも，弟が誕生し，兄らしい振る舞いが多くなった。しかし，生活の技術は気持ちだけでなんとかなるものでもない。保育者は，ダイの自分でやってみようとする意欲を十分認め，損なわないように違うやり方を提案している。保育では，結果としてできるかできないかではなく，自らやってみようとする心情・意欲・態度が大切であり，それを受け止めることで，自分との信頼関係が紡がれ，受け止められた安心感の中で，また機会のある時にやってみようとする意欲につながるという捉えがある。それが，裏返しになった衣服を元にもどすことを任せるなど，初めの意欲が成就する機会を与えるかかわりを生む。

　例えばプールに入る際に，子どもが水着に着替えるため，脱ぎっぱなしにした衣類を，保育者は着やすいように裏返しになったものは元にもどし，個人別にまとめておく。あるいは，排泄後など，パンツやズボンを履きやすいように子どもの方へ向けて出す，腰部分を持って立ったまま足が入れられるように援助するなど，手際よく，ちょっとした手助けをする。自覚的かどうか，適切であったかどうかはともかく，その1つ1つに子どもの発達状態や状況の捉えと，こうであってほしい思いがある。

## （5） みんなでする活動

**事例11-5　運動会へ向けて　2・3歳児　9月**

　　運動会が1週間後にせまった。10時ごろから，各クラスとも運動会へ向けてチーム分けや応援団長をだれにするかなど，話し合っている。ホールへ出てきた，2・3歳児たち。担任2人は，「どうしようかなー」と話し合いながら，平均台を出し，下に安全のためマットを敷く。もう一方に巧技台を出し，はしご状のものを組み合わせる。平均台を渡りだす子どもたち。2歳児スミレは途中，両手を伸ばしてバランスをとりながら1本足になろうとする。スミレの正面にいた保育者が，「カカシできるかなー」と言う。うまくでき拍手を送ると，本人も晴れやかな表情。それを見て，はしごの方から移ってくる子もいる。平均台が込みあい，押したり割り込んだりの姿が見られ，泣きだす子が出たりする。もう1人の保育者が「こっちも面白いよー」と声をかける。

　スミレは，普段からとても機敏な動きをする。少し運動会を意識しだしたころで，この時はだれが教えたわけでもなく，偶然カカシのポーズをやったのだが，保育者がその思いつきや試みる気持ちと成就感を受け止め励ましたことが，みんなの注目を集め，遊びの流れを変えて，人数が多くなってトラブルが起こり，楽しめなくなってしまった。体を動かす活動は事故も起こりやすい。活動の安全と充実を願って，もう1つの遊びに人数を分散させるべく，注意を向ける言葉をかけている。

## （6） 異年齢のかかわり

**事例11-6　踊り〜運動会へ向けて　9月**

　　1週間後に運動会がある。今日は，全年齢で合わせてみようと園庭に出た。『ウィーク』という曲に合わせて踊る3歳児に当日は踊らない2歳児もチョロチョロと混じって並ぶ。4・5歳児の子どもたちと観客側になっていた5歳児さくら組担任が「さくらさーん，ちょっとそこで一緒に踊ってあげてー」と言うと，踊るのが好きな女児たち5，6人が，元気に立ってスタンバイする。担任は「もう少しこっち（前）の方がいいかな」と，3歳児たちに見えやすい位置に誘う。曲が始まると，3歳児は5歳児の振付けの動きを見ながら，からだを動かす。踊りながら5歳児は，振付けを間違えている子に「○ちゃんこうだ

よー」と正しいやり方を示したり，「△ちゃん，上手ー」と励ます声をかける。2歳児のおぼつかないポーズも笑いを誘う。

　保育所は生活している子どもの年齢幅が0〜6歳と広い。事例にあるように，まだよく分からない未満児が'味噌っかす'でついて回ったりする。そうした中で，保育所生活の長い時間の中で伝わっていくものも多い。ここでは，5歳児担任が機転を利かせ，まだ振付けがあやふやな2，3歳児のモデルになってあげるようにと声をかけた。場を与えられて5歳児の踊ることが好きな子どもたちは生き生きと体を動かすことを楽しみ，3歳児に振付を伝授する。3歳児は年長児に励まされたり教えてもらったりしながら5歳児を憧れの対象にしていく。

## （7）好きな遊びをする

**事例11-7　ダンゴムシへの興味を深めて　4歳児　5月**

　ヨウの「ダンゴムシになりたい」という言葉に，ダンゴムシになりきって遊んだら楽しいだろうなとは思っていたが，なかなかそれをしかけるタイミングやじっくり遊べる間もなく過ぎてしまっていた。その間，子どもたちはダンゴムシ探しをしたり，ダンゴムシハウスのダンちゃんをのぞきこんだり，ダンゴムシについて家でも調べてきたり…と興味は続いていた。
　今日は，ヨウが「ダンゴムシになりたい」と言ったとき，「どうしたらダンゴムシになれるかな？」と私が問いかけると，「お面をつければいいじゃん」とケントが言うので，とりあえず触覚をつけたものをつくってみようとやりはじめるとユウナとハルカが興味を示して見にくる。子どもたちがこれまで観察したり調べたりする中で触覚という言葉がよく出てきていた。興味が増して，いろいろとダンゴムシのことを知りたいという思いをもっているようだったので，なりきって遊ぶためにはそういった特徴を押さえてと思った。まだ今日は，その部分だけをつくって子どもの反応を見ることにする。おうちごっこをしていた子どもたちのうち，キョウタが「おとうさんダンゴムシになる」とお面をつけて遊びだした。ヨウとヘキラが体を丸めたりしだしたので，私が「あっカエルが来た」「アリが来た」「トカゲが来た」と，ダンゴムシハウスのコロちゃんの中の様子を言うと，急いで体を丸めたりして遊ぶ姿がある。

体のシマシマや背中に模様があるとメスとか,子どもたちがいろいろと発見したりもしているので,背中もつくってあげようと考えている。

(保育者の記録)[2]

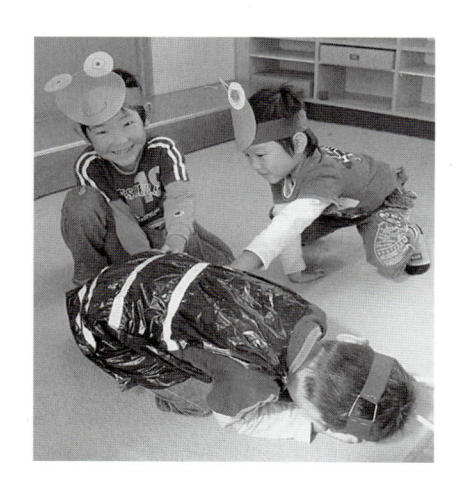

　自らやりたい遊びを見つけそれに打ち込んで遊ぶことは,子どもの成長にとって様々なものをもたらす。事例11-7でも,保育者が援助のタイミングを計りかねている間に,子どもたちはダンゴムシを探したり,観察したり,調べたりと自分なりの興味や関心を深めていっている。それはそれで十分楽しいし,発見もあり,探究心も培われている。だが,ヨウの「ダンゴムシになりたい」という思い入れに対する保育者の共感と,保育における援助は子どもの興味・関心から出発するという援助観が,子どもが身体表現をして楽しむきっかけを生んでいく援助の方向性をつくっていく。

## ❸ 子ども理解と援助を規定するもの

　前節で見てきた保育者の援助には,その保育者がもっている,子どもへの願い・ねらいがある。保育という行為は,子どもをよりよく育てる営みであるから,自覚化の程度はともかく,保育者はどうすることがその子にとっていいことなのかを自分の中にもっている。何がしかの願いのないかかわりはない。そして,その願いは,その保育者が捉えている子どもの姿や状況,自分と子どもとの関係・子ども同士の関係のありようによって異なる。子どもというものをどう捉えるか(子ども観),保育というものをどう捉えるか(保育観),発達というものをどう捉えるか(発達観),遊びとい

うものをどう捉えるか（遊び観），しつけというものをどう捉えるか（しつけ観），生活というものをどう捉えるか（生活観）などその保育者の価値観によっても違う。

事例11-1は，来年度の小学校入学が少し気になりだすころのかかわりである。年度初めの春ならばもう少し違っていたことであろうし，もっと年度末になっても子どもの食べ方がこのようであれば，どういうかかわりになるか気になるところである。事例11-2でも自分でできるかと尋ねる言葉かけに春という時期が影響している。もし夏を過ぎていたら家庭との連携を考えたかもしれない。午睡もその園・人の午睡観によっては，どうしても寝かせなければという思いが強いこともあるし，衣類の着脱についてはもっと自分でするよう仕向けていく園（人）もあり，そういう場合は事例11-3，事例11-4のようなかかわりにはならない。その根底には，子どもは一人一人違い，発達の状態も異なる（発達観），それに対応していくのが保育の営みだという保育観がある。自分たちで関係を調節してトラブルを乗り越えられる年齢なら，事例11-5のトラブルへのかかわりも違ったものになる。まだ子どもにまかせておくのは無理だという判断の背景には，保育者の発達観（2歳児の人とかかわる力をどう考えているか）がある。

## ④ 保育者の見る目の自覚化と検討

前節で見たような要素が絡まって保育者の子ども理解を規定し援助となっている。しかも，どれも固定的ではなく，1つが変わると，それに連動して少しずつ変わっていく。当然，保育者の理解も変わり，援助も変わる。保育者の援助にはその時どきの子ども理解が表れているという認識に立って，これらを自覚化し検討する必要がある。

われわれはだれしも生きてくる中で，自分なりの見方，価値観がある。癖や傾向，好き嫌いもある。それは，当り前のことであり，生きるとはそういうことである。だが，それを不問にして，子どもを捉えることは，子どもを自分と対等な1人の人間として見ることにはならない。たとえ，ま

だ数年しか生きていなくても、歴然とした差異が多々あるとしても、われわれ大人と同じ人間として尊厳をもって見るという、保育指針や教育要領の子ども観に立つならば、子どもへの援助を子どもを見、その体験について云々する大人の見る目、ひいてはそれをつくっている様々な枠組みや価値観を共に検討する必要があるだろう。

だが、1人で大勢の子どもを相手にする保育の中で、こうしたことを自分だけで気付いていくことはとても難しい。前述したように、私たちには皆、自分の思考や見方の癖がある。しかし、当の本人には、それが普通の状態であるため自分では気付きにくい。また、子どもも大人との関係のとり方が異なると、違った姿を見せる。見え方が違うと、子ども理解も援助も異なる。それを生かして、自分の見方・子ども理解を自覚しながら他者のそれと突合せて、その時どきの援助の妥当性を検討していく職場の関係が大切になる。

■注
1)「午前中の活動が活発でない。遊びの最中もあくびが出たり、ごろごろする。特に未満児の場合昼食の最中に眠たくなってしまう」といった子どもたちの姿から昼寝を午前中にするような園生活に転換した試みもある。この園では「午睡」と言うとどうしても「午後」「眠る」という意味合いが含まれてしまうので、「午睡」という言葉をやめて、「休息」という表現に変えて「午前休息」という言い方をしている。
前原　寛：保育園における午前休息の試み　日本保育学会第43回大会研究論文集　1990　p.120-121
2) 静岡県榛原郡川根本町立三ツ星保育園　大石利絵子

### 課題

1. まず、各事例の保育者の援助を抜き出してみよう。
2. そのうえで、以下の点から考えてみよう。
   ○どのような子ども理解があるのだろうか。
   ○各事例の保育者の援助以外の援助を考えてみよう。それは、どのような子ども理解によるのだろうか。また、どのような価値観や状況判断が関係しているのだろうか。

# 第12章 幼児期の子ども理解と援助：幼稚園の事例

## 1 はじめに

　子どもたちは，幼稚園生活の中で様々な姿を見せてくれる。笑ったり泣いたり，驚いたり怒ったり，時には悩んだり落ち込んだりし，全身で気持ちを表している。保育者はそのような姿を見て一緒に笑ったり，うれしくなったり，ある時には元気をもらい，またある時はどうしたらよいか悩んだりしながら，一人一人が自分らしく主体的に生活してほしいと願っている。

　子どもを理解し援助することは，なかなか難しくたやすいことではない。目の前の子どもたちの姿から"どう感じているのだろう""何をしたいのかな""そうだったのか"など言葉にならない思い，いろいろな気持ちを推察する。そして何をどう支えたらよいのか，どのように援助しようかと考え，見守り，あるいは仲間になるなどいろいろな立場になり，一人一人の気持ちを受け止め，伸びようとする力を信じて援助している。

　ここでは，具体的な日常の事例を通して，保育者が子どもの様子をどう捉え，何を願って援助しているかを見ていく。

## 2 受け止める・伝える・つなぐ援助

　子どもたちは家庭から新しい環境に入り，不安や戸惑いを感じながらも，少しずつ自分の居場所や，やりたいことを見つけ安定していく。不安な気持ちの表し方は様々で，"泣く"ということで戸惑う気持ちを全身で表す

子どももいれば，堅い表情になってじっと我慢している子どももいる。もちろん新しい環境に入ってうれしそうに元気に過ごす子どももいるが，心の内はいろいろ感じているであろう。保育者はそのような一人一人の思いをあるがままに受け止めることがまず基本になる。

### 事例12-1　「泣いてないよ」　3歳児　1学期

　　コウタは，入園式の日以来，母親と離れると大泣きしていた。コウタにも母親にも"泣いても大丈夫"ということを伝え，母親にも一緒に保育室にいてもらっていた。数日後，登園してしばらくすると，コウタの母親が「私はもう帰ってみようと思うのですが…」と言ってきた。保育者は，"まだ早いかもしれない"とは思ったが，母親はできれば離れてみたいのかと思い，コウタを抱いて受け取った。コウタは大泣きしているが，体は保育者に委ねている。保育者と一緒に砂場に行ったり，アリを見たりすると泣きやむが，しばらくすると，また大泣きになったりしていた。
　　帰る支度ができ，みんなで集まっている時にはもう泣きやみ笑顔も見られた。保育者が「コウタくんも，タカコちゃん（朝泣いていた）も，もう泣いていないね。よかったね」と言うと，アヤが「私だって泣いてないよ」と言った。みんなも我慢していることにあらためて気付かされ，保育者とのつながりを感じてほしいと願い，「本当ね，○ちゃんも泣いてないね」とほかの子どもたち18人全員の名前を言って繰り返した。

　この事例では，保育者は子どもたちや保護者の入園当初の不安な気持ちを受け止めて支えている。思い切り泣いて不安な気持ちを表しているコウタには，幼稚園では素直に気持ちを表してよいこと，そのままでよいことを伝えたいと思い，言葉だけでなく抱っこしたり手をつないだり一緒に遊んだりして全身で受け止めている。ほかの子どもたちもコウタと保育者とのやりとりを見て，"泣いてもいいんだ""先生は抱っこしてくれるんだ，大丈夫なんだ"と安心するであろう。また，「私だって泣いてないよ」の言葉からは，ほかの子どもたちも泣いたり言葉に表したりしないが不安であること，我慢していることに気付かされ，その思いを受け止め，一人一人に"あなたの気持ちも分かっている"と返している。
　そして保護者の気持ちへの配慮もある。迷いがありながらも，コウタと

向き合う保護者が，自分なりに"こうしてみたい"という思いを受け止めている。担任は，「離れるのは早いかと思ったけれど，おかあさんの精一杯の表情を見て，そうしましょうと受け止めた。明日のことはまた明日の様子で考える」と語っていた。

　この時期は一人一人としっかり向き合い信頼関係を築いていく大事な時である。日々の生活の小さな出来事の中で，理解者になること，共に感じる人になることの積み重ねが信頼関係につながっていくであろう。

### 事例12-2　「痛かったね」　3歳児　1学期

　　ヤスシが積木を積んでいると，ケンタがやってきて足でくずしてしまった。ヤスシは"なにするんだ"と言うかのように手でケンタを押しはらい，ケンタがやり返し，なぐりあいになった。ケンタは，少し前に友達にちょっかいを出したり，おでこを痛くしたりしてイライラしていた。近くにいた保育者は間に入り，2人を離して両脇に座らせ3人横並びで座った。「びっくりしたね」「痛かったね」「積木やりたいのにね」などどちらに向けてというのでもなく，つぶやくように話した。2人はだんだん落ち着いてきた。「ぶたなきゃよかったね」「これからどうしようかな…」とつぶやいた時，テツヤが小さい声で「一緒に遊びたいんだけどね…」と言った。それを耳にした保育者は「そう，一緒に遊びたいんだよね」と明るくヤスシとケンタに言って立ち上がった。すると，それまで沈んでいた空気がフッと変わり，2人とも近くでやっていたジャンプ遊びに向かっていった。

　この事例のように，子どもそれぞれの思いがずれてしまうことは，日常よく見られる。

　ヤスシはただ自分がやりたいことをしていたのに，ケンタにふいに壊され，"何事？""どうして壊すの？"という思いになったであろう。保育者は2人の様子から，ケンタも"やっちゃった"と思っているかもしれないと推察し，それぞれの気持ちを受け止め，相手にも伝わるよう言葉にしている。そしてどちらが悪いということでなく，友達といるといろいろなことが起きる，予想を超えることがあるなどと感じたり，自分がやったことに直面し，そこから，どうしようかな，こうしようなど自分なりに考え，乗り越えてほしいと願っている。2人を向きあわせるのでなく，保育者を

挟んで同じ向きになるように座ったのもその思いからであろう。保護者の「これから…」の言葉からは，"2人とも，もう十分いろいろ感じた。どうやって切り替えようか""どうしよう"と探っていることがうかがえる。テツヤの言葉は，ヤスシやケンタと遊びたいのか，2人の気持ちを感じたからなのか定かではないが，保育者は雰囲気を変えるきっかけとして生かしている。このように思いのずれを受け止めたり整理したり，伝えたりすることも保育者の大事な援助である。

## ❸ イメージを探る・モデルとなる・共に感じて支える援助

　幼稚園が自分の生活の場，安心していられる所になってくると，やりたいことを遊びの中で表していくようになる。そうなると，楽しいこと，うれしいことと同じくらいにくやしいことや思うようにならないことも起きてくる。そのような時に保育者はその思いを受け止めて，一緒に悩んだり試したり工夫したりしながら乗り越え，さらに生活が充実するように援助していく。

### 事例12-3　電車ごっこ　3歳児　2学期

　ユウタは，友達がやっていることに関心を示し，すぐに同じようにやってみようとする。しかし，やり方が分からずに相手のものを取ってしまったり壊したりしてトラブルになりがちであった。この日も室内での電車ごっこ（木製のおもちゃ）に入れないでいた。保育者はユウタが自分から遊びを始めて楽しめると良いのではと思い，電車づくりを提案した。

　保育者はユウタと相談しながら段ボール箱に青いガムテープを貼り，中に入って両手で抱えて走る電車をつくった。保育者も一緒になって園庭をぐるぐる走り回った。保育者が「駅があるといいね」と言うと，ユウタが「うん」とうなずいた。"えき"と書いた紙を見せて「駅はどこがいいかな」と聞くと，ユウタは「あそこ」と指さしたので，そこに決めた。タケシ，ヒロトもやってきて同じような電車をつくった。2人とも電車が出来上がると，園庭を思い思いのコースをとって走り回った。"えき"にはいつのまにか子どもたちが数名並んでいる。電車は駅に到着すると「乗ってください」と声をかけ，客の子どもたちは段ボール電車の後ろにつながって走り回った。ユウタもうれしそうに

客に声をかけて走り回った。

　この事例では，保育者は具体的な提案をいくつもしている。この場合の提案は，ユウタのやりたいことや気持ちに近づき，ユウタが自分から始めた遊びを十分楽しみ，ほかの子どもたちにとっても楽しい体験になるよう願っての援助である。まず，ユウタが電車で遊んでいる友達に関心を示している様子から"電車で遊びたい"という気持ちを受け止め電車づくりを提案している。段ボール電車はつくりやすく，自分で持って遊ぶことができるようにした。また，保育者もつくったものを使って一緒に遊び，ユウタが動きやすいようにしている。駅をつくることも提案し，視覚的にも分かりやすく，雰囲気も楽しくなるようにもしている。このように，発達を踏まえて材料やつくり方を提案したり，遊びが楽しくなるような提案をすることも大事であり，子どもたちのやってみたいという気持ちにつながっている。ほかの子どもたちも加わり，それぞれに走り回って楽しめる遊びとなった。ユウタにとっては，自分が始めたことで友達とも触れ合い，体も動かして楽しむ体験となっている。このように，時には提案したりモデルとなったりなど様々な立場になって援助することも，一人一人が自分から遊びを見つけ，取り組もうとする支えになる。

### 事例12-4　焼きイモ　4歳児　2学期

　数日前から友達と落ち葉集めをしていたマイは，おイモを焼くことを思いつき，保育者と一緒に材料をさがしておイモをつくることにした。「中身は黄色，外は茶色」とイメージがはっきりあるので，保育者も一緒に考えながらつくっていた。出来上がったおイモを落ち葉の中に投げ入れ，さらに落ち葉で隠した。クミコがマッチをするような動作をして火を付けた。クミコは保育室にもどって白い紙を丸めた筒状のものを持ってくる。そして落ち葉の山に息を吹き込む。それを見たマイは保育室に走っていった。
　マイがいない間におイモが焼けたことになり，おイモを落ち葉の山から探し出していたところに，筒状のものを持ったマイがもどってきた。「まだ，だめ」と止めるが，ほかの子どもたちはおイモを探すのが面白くてやめられなかった。かごに一杯になったおイモをみんなで食べることになったが，マイは「もうい

い，みんな嫌い」と言って保育室にもどろうとした。保育者は「もう一度焼こう」と誘うが，「もういい」と断り，行ってしまった。保育者はその様子を気にしながらもう一度おイモを焼くことにした。マイを呼びにいくと，一旦はもどるが，またその場を離れてしまった。保育者は焼きイモのところにいる子どもたちに，マイが考えてつくったおイモだから大事にしようと声をかけた。帰るころにはマイがつくったおイモはかごに入れられクラスに届けられた。
　翌日，ジュンコたちはおイモを借りにきて焼きイモごっこが始まり，その後もいろいろな遊びの中でこのおイモは使われていた。

　このころの子どもたちは，こうやって遊ぼう，だれと遊ぼうなど遊びに対する思いが強まってくる。マイのおイモづくりへのこだわりからもそのことがうかがえる。また，友達が興味を示してくれたことによって，マイはさらに意欲的になり，クミコのアイディアの"火吹き竹"を取り入れ，イメージを重ねたり共有したりして遊びへの期待もふくらませていたのであろう。そのようなマイの思いとは違った方向に遊びは進んでいき，受け入れられなくなってしまった。おイモづくりへのこだわりや，この遊びへの思いを知っている保育者は，マイの気持ちが十分に分かったが，ほかの子どもたちが楽しんでいる様子にも十分に共感できたのであろう。直接間に入って解決策を提示するのではなく，子どもたちが折り合いを見つけ出せるように支えている。この場面では，その場で折り合いがつかなかったので，マイの思いが一杯つまった"おイモ"という"もの"をほかの子どもたちに意識づけることで，ほかの子どもたちとマイをつなぎ，マイにも友達も楽しんでいたことが伝わることを願って援助している。
　このように，一人一人が自分の思いに気付き，向き合い，素直に出し合えるように支えること，まだ言葉で十分に思いを伝え合えない子どもたちに対し，このように"もの"を生かして互いに折り合いを見出せるようにすることなど，保育者は子どもたちの心の揺れに気付き，どのようにかかわるかがとても大事である。

## 4 友達・仲間との生活・遊びの充実を支える援助

　生活の流れが分かり，友達とのかかわりを楽しむようになってくると，だんだん自分たちで遊びを進めるようになってくる。そこでは，互いにやろうとしていることを共有しながら一緒に遊ぶ楽しさを味わうこともあるが，主張がぶつかったり友達関係が行き詰ったりすることも出てくる。そのような時，保育者は子どもたちを励ましたり葛藤に向きあうことを支えたり，新しい友達との出会いが生まれるような環境をつくることもある。その環境は物的でもあり人的でもあり，子どもを取り巻くもの多岐にわたる。

### 事例12-5　回転デザート屋　5歳児　10月

　デザートづくりをしていた子どもたちと，回転寿司を始めた子どもたちがいた。保育者は友達関係の広がりと遊びの継続，つくったものを遊びに生かしてほしいという願いをもち，両方の遊びに働きかけたところ，一緒に回転デザート屋を始めることになった。

　「どのように回転させるか」を考えていると，ユウコが「いい考えが浮かんだ！」と，薄い板を持ってきた。板の上にデザートをのせると，イスを横につなげて，その上に長く敷きつめた板を動かすことで，回転している雰囲気を出そうとしている様子だった。ヒロコが右端から板を滑らせるように押し，左端にいるユウコが押されて飛び出した板を受け取り，その板をイスの座面の下を通してヒロコにもどす。2人の呼吸や力加減が合わないと，板がずれたりのせてあるデザートが倒れたりする。様子を見守っていたほかの子どもたちが，「もう少し，ゆっくり」「ユウコちゃん，来たよ！」と声をかけはじめた。保育者は，遊びに工夫は見られるものの，翌日につながらず次々に遊びが変わってしまいがちなユウコたちのことが気になっていたので，この遊びがこの日で終わらず継続することを願っていた。何度か練習を重ね，さらにスムーズに動かせるように，保育者の提案で遊戯室の長イスを利用するなど工夫を凝らし，お客さんに声をかけ，来てもらうことにした。

> 大勢のお客で賑わってくると，周りで見ていた子どもたちが手伝いに入り仲間が増えてきた。メンバーが入れ替わってもお店は成り立っていたが，自覚をもって1つのことにじっくり最後まで取り組み，やり遂げた充実感を味わってほしいと思い，保育者は自分たちで始めたことにしっかり取り組むよう働きかけた。裏方になっている子どもたちは，足りなくなったデザートの補充をしたり，「いかがですか？」とお客さんに声をかけたりしていた。回転デザート屋は連日大繁盛。ユウコたちは疲れたと言いながら長い時間お店の人としてがんばる姿があった。

　保育者は，子どもたちが始めた遊びをもっと生かしたい，遊びに工夫が加わることで友達関係が広がり，遊びも継続してほしいという願いで2つの遊びをつないでいる。子どもたちは保育者の投げかけを受けて回転デザート屋という共通の目的をもつようになり，新たな集団としてのつながりができた。試行錯誤する中で，相手の動きを意識し，呼吸を合わせようとしたり一緒に考えようとしている姿も見られるようになった。しかし，その後の経過で，保育者は子どもたちに意欲はあるものの課題を感じ，場をつくったりしてアドバイスしている。

　このように，子どもたちが目的意識をもち，見通しがもてるように提案したり励ましたりする援助，それが子どもたちが一歩踏み出し乗り越えていく力となる。子どもの実態をよく見つめ，保育者が見通しをもって働きかけることが大事である。

# 5　見守り，共に歩む援助

次に，子どもたちが遊んでいるその時の興味や思いを大事にし，見守りながら長期間にわたって援助していった「3歳児のお店ごっこ」の事例[1]を，子どもたちの様子とその時の保育者の思いを中心に挙げる。

## （1）　お店登場

> 5月
> 　女児2人が「お店にしよう」と言って，紙を「屋台（台と呼ぶ）」に貼りつけはじめた。でも，何かを売る気配はなく，看板のように紙を貼ったり，ままごとの茶碗やお皿を並べたりし，周囲の子どもたちにも気付かれることなく，2人で楽しんでいた。

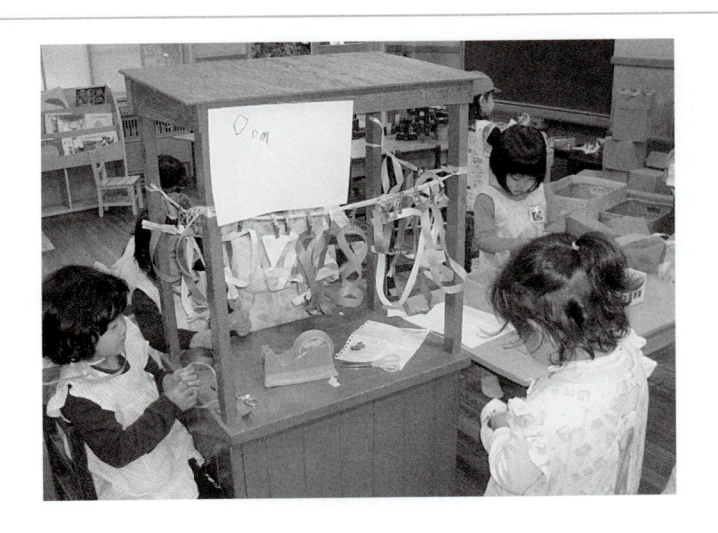

〈保育者の思い〉

　遊びのイメージも淡いこの時期には，いろいろなものに直接触れたり試したりしてほしいと思っていたので，この台も「お店」とはっきり限定した言い方はしていなかった。この時も，お店らしく品物を並べたり売り買

いするなどお店らしい形にはしなくてよいと思いそのまま見守った。

## （2） 年長さんとのお店

> 9月
> 　年長児が保育室に花火を持ってやってきて，「こうやってつくるとできるよ」（紙の棒に紙テープを数本つける）とつくり方を教えてくれた。子どもたちがまねをしてつくると，「お店屋さんにしたらどう？」と提案してくれた。3歳児の子どもたちは花火をつくることに夢中になっていて乗り気ではないが，年長児はすっかりその気になっていた。「廊下でやるといいよ」とお店の台を廊下に運んでくれた。担任は「廊下で初めてお店屋さんが開店かしら」とちょっとなりゆきが楽しみになった。でも，子どもたちは，お店の台にぞろぞろついて来たものの，花火づくりに専念。「いらっしゃいませ，いらっしゃいませ」と，年長児は宣伝してくれるが，3歳児はあまりその雰囲気にならない。そのうちに年長児は自分の保育室に去っていった。せっかくのお店なので，担任が「花火屋さんですよ，いかがですか」など言ってみた。

〈保育者の思い〉

　子どもたちはつくることが楽しいのであって，いくらお店を設定されても売り買いに気持ちは向かないのだろう。保育室から一歩踏み出した廊下という場では緊張するのかもしれない，保育室の中の方が安心できるのかもしれない，などいろいろ考えさせられた。子どもたちは自分たちの遊びの場をどのように選び，変えていくのか，これからお店屋さんごっこがどうなっていくのかなど，お店屋さんの変遷をゆっくり見ていこうと思った。

## （3） みんなでお店屋さん

> 9月
> 　数日後，お店の台を使ってアイス屋が始まった。場所は保育室。人数も増え，「いらっしゃいませ」の声も聞こえてくる。保育者は客になってひたすらアイスを食べ続けた。場所を広げ，大賑わい。わいわいがやがやそれぞれが嬉々とした表情だが，よく見るとかけ声をかけて売っているのはほんの数人。ほかの

> 子どもたちは製作に夢中。でも，そのうちにだれかが隣のクラスに誘いにいったらしく，ほかのクラスの子どもたちが買いにきてくれた。みんなそれぞれ自分なりのお店屋さんになってとても楽しそう。いろいろなかかわり方が可能なお店屋さんだった。

〈保育者の思い〉

　やはり自分の保育室だったからこその賑わいだったのだろうか。品物づくりを楽しんだり，かけ声を楽しんだり，友達と一緒にいることがうれしいなどそれぞれの楽しみ方をしている。客がいたほうが楽しいであろうと思い，客の役は引き受けた。お店はいろいろな参加の仕方が可能な場としてとても意味があると感じた。

## （4）　廊下で開店

> 1月
> 　初めてアヤコがお店の台を指さして「あっちへもっていきたい」と言ってきたので，保育者も一緒に廊下へ運び出した。アヤコは控えめで，友達がしていることや周囲の様子をよく見ており，製作が大好き。そのアヤコが1人でお店の台を動かして1人で座り，あめづくりを始めた。やや緊張感が漂っていたが，黙々とつくり，品物ができると「先生，買いにきて」と誘いにきた。

〈保育者の思い〉

　初めて廊下にお店が開店した。たった1人でも，自分がやりたいと思った時には廊下を選び，お客さんがこなければ自分で呼びにいくことに感心した。アヤコが"やりとげた"と実感できるように支えたいと思い，買いにいったりほかの子どもたちにも声をかけたりした。廊下のお店は自分のクラスとは違ってほかのクラスの子どもたちも買いにくる。不特定多数を想定することになる。今のアヤコにはそれに向きあう自信と余裕があるのだろう。じっくり"こうしたい""やってみたい"という気持ちになるまで待つことも大事であることを考えさせられた。

この一連の事例の中で、保育者は子どもたちの遊びに取り組む姿勢やものへのかかわり方の願いをもちつつ、子どもたちの動きに合わせながらかかわっている。ゆったりじっくり子どもたちと一緒に過ごし、同じ目線になって子どもの気持ちに近づくことと願いとを行ったり来たりすることが幼児理解につながると言えよう。

## 6 ふりかえること

　子どもたちが帰った後の静かな保育室でその日の出来事を思い出し、「あの時の言葉かけはどうだったかな…」「～思ったからあのようにかかわったけど、どうだったのだろう」「あれでよかったのかな」など、自分のかかわり方をふりかえることは、子どもたちの変化や新しい気付きをもたらしてくれる。

　自分は子どもたちのことをどう捉えたのか、そして何をどう判断してかかわったのかを改めて見つめ直すことで、新たな視点が見えてきたり援助の可能性を広げたりすることにつながる。それは明日の保育に必ずや生き、自分を励ましてくれるであろう。

---

**課　題**

　実際に子どもたちの様子を観察し、子どもの気持ちを思いめぐらし、自分ならどう援助するか考えてみよう。

---

■文献
1）幼児の教育　フレーベル館　2009 7月号　p.52-55（抜粋引用）

# 第13章 保育の場での保護者理解をめざした援助

　保育者の喜びの1つは,「子どもの成長に日々立ち会えることである」と言われる。子どもはだれ1人として,同じ成長の姿を見せることはない。どんなに経験を積んだベテランであっても,いつでも目の前の子どもの成長は初めて目にするものである。

　そして子どもだけでなく,多くの保護者と出会う。同じ事態に対して,同じ意見をもつ保護者はいない。様々な考え方,価値観に出会うことになる。保育の場でまたそれを支える日常の中で,様々な人生のドラマに出会い,その一瞬におつきあいすることができる。

　このように,子どもだけでなく保護者との多くの出会いは,保育者が経験することのできる大きな喜びの1つと捉えられるのではないだろうか。本章では,保育の場での保護者理解とは何か,どのような意味をもつか,そして保育者に求められる保護者理解とは何かについて学ぶ。保護者理解を通して,目の前の子どもの姿にまた別の側面が見えてくるのではないだろうか。

## 1　保護者と初めて出会うとき

### （1）　家族が歩んできた歴史に敬意を表す

　入園に際して子どもの保護者に初めて出会うとき,保育者はどんな思いで保護者に接するのだろうか。

　「相互に理解できそうな保護者だろうか」「協力してくれそうな保護者だろうか」「熱心な保護者だろうか」「要求や苦情ばかりが多い保護者ではな

*103*

いだろうか」などなど。このように保育者なりの保護者イメージをつくり，ホッとしたり不安になったりしてはいないだろうか。

　目の前の保護者の姿や会話から，保護者の特徴を勝手に判断し，イメージする前に，まずは目の前に見えていない，保護者が背後に抱えている家族の歩んできた歴史に敬意を表してほしい。どの家族にも子どもが入園するまでの3年間（あるいは4年間），わが子を家族の中で育ててきた歴史がある。様々な思いを子どもに抱き，「家族それぞれのペースで」「がんばって」育ててきた足跡がある。子どもをもつ揺れる親の思いは，子どもの成長とともに変容していくことは報告されている。保育者が目にしたことがない入園前の家族の歴史は，保護者の側から必ずしも語られるわけではない。

　それぞれの家族が過ごしてきた子どもとの3年間にまず敬意を表すことから保護者との相互理解は生まれる。「家族のこれまでの3年間に敬意を表します」という姿勢を保育者が保護者に示すことが出会いの最も大切な部分になる。それがないと，これから入園後の3年間を一緒に育てていこうという保育者の申し入れは保護者の心に響かない。

　中には，入園までに子育てに大きな不安をもち，自信を失っている保護者がいる。特に子どものこと，子育てのことだけでなく育てている自分自身に対して，様々な場面で自信を失っている保護者もいる。そのような場合には，入園時に保育者に何か指摘されたらどうしようと不安に思いながら，入園に臨んでいるはずである。彼らにとっては，入園前3年間の子育てに自信がもてない状態で，初めて出会う保育者から目の前の不安に思う子どもの姿を指摘されるとしたら，それは保護者としての適否を判断されるに近いことであり，受け入れることはできないだろう。

　「入園前の3年間を大切にします」というのは，「まず目の前のあなたを全身で受け入れますよ」という姿勢でもある。この出会いの土台があるからこそ，「一緒に子どもの成長を見ていきましょう」「あなたと同じように子どもの味方ですよ」という保育者の気持が保護者にしっかり理解してもらえるのではないか。その出会いが相互理解にむけて，保護者が心を開く第一歩になるのではないだろうか。

## （2） 保護者にとっての「入園」の意味を理解する

　「入園」という節目は，家族に大きな変化をもたらす。わが子が家族と異なる初めての社会集団に通うということである。初めての社会集団として2～3年を過ごすことになる「幼稚園」あるいは「保育所」選びは保護者にとって悩み多き作業である。悩みの原因は「選んだ園が子どもに合うか」「子どもがいやがらずに園に通ってくれるだろうか」と子どもが園に適応していけるかどうかへの不安と緊張である。「子どもが園をいやがらずにスムーズに慣れていってほしい」と願い，「そのためにも園選びに失敗しないようにしなければ」という不安や緊張であふれる思いを聞く。しかしよく聞いていくと，「子どもが園に合うか合わないか」という不安よりも，実際は，「保護者自身がほかの保護者とうまくつきあえるか，担任保育者は話をよく聞いてくれるのだろうか」という不安が強いことが多い。

　このように入園時に抱える保護者の不安は，迎える側の保育者の想像を超えて大きい。「入園」は，保育者にとっては年度始めの「毎年の出来事」である。しかし保護者にとっては，わが子の人生で（多くは）たった一度の入園であり，初めての社会参加という，「人生の大きな節目」である。だからこそ，育児相談では2歳を過ぎると，必ず入園をめぐる不安が母親から口に出される。「失敗したらどうしよう」「失敗だけは避けたい」「失敗がないように慎重に園を選びたい」というのである。そして入園先が決まると，「スムーズに入園ができるだろうか」と不安になる。情報収集が大切だといって「もし…のときは？」「万が一…の場合には？」と細かな質問をぶつけてくる保護者もいる。なぜそこまで細かく過剰に心配を探し出すのか，と保育者からため息が聞こえてきそうだ。

　保護者にとっての入園の意味を考えるという，いわば保育者が保護者の立場で入園を捉え直すことも，初めて保護者と出会うときの保育者の姿勢の1つとして大切になる。

## （3） 家族の中での子どもの姿を教えてもらう

　家族の中で見せる子どもの姿は，園で保育者に見せる姿と大きく異なる。

残念ながら，保育者は家族の中での子どもの姿は見ていない。逆に保護者は園での姿を見ていない。保育者と保護者が子どもの姿を別の場面で見ていることになる。

「保護者には，園での子どもたちの姿をできる限り生き生きと伝えたい。エピソードを通してその成長ぶりを知ってほしい」と保育者は考えるだろう。しかし家族の中の子どもの姿については，保護者に教えてもらうという努力をしない限り，なかなか知ることはできない。家族の中の子どもの姿を知ることで園での子どもの行為の理解がさらに深まる。また子どもの家での姿が家族の目を通して語られることにより，家族の子どもに対する思いや姿勢，子どもの家族への思いなどが透けて見えてくる。そして何より，園の姿と異なる子どもの姿を教えてもらうやりとりを通して保護者との関係も形成されていく。

また保護者は保育者に日常の子どもの姿を伝えることで，子どもの成長を実感し，子どもを見つめ直す機会にもなる。保護者が自信をもつきっかけにもなる。

## 2 保育者としての保護者理解

### （1）保育者としての立ち位置を認識する

保育者の役割は何か。自分の立ち位置を認識して行動することは，保育者に限らず難しい。

保育者自身が見ているのは，園の中の子どもの姿である。園の中の子どもの姿を保護者は見ていない。また保育者は家の中での子どもの姿を見ていないので家での姿は知らない。保護者は家の中の子どもを見ている。

このように保護者と保育者がそれぞれ異なる子どもの場面，姿を見ている。子ども理解も異なってくる。その異なるという認識で保護者に働きかけることが大切になる。

つまり保育者が自分の立ち位置を認識したうえで，保護者にかかわることである。自分の立ち位置を認識するとは，自分の立場を理解できること，

2 保育者としての保護者理解

自分の行動できる範囲を認識すること。つまり自分の行動が可能な範囲と不可能な範囲を認識した上で，相手に働きかけを行うことが求められる。

## （2） 保護者の子育て意識を知る

　幼稚園児や保育園児をもつ保護者1,105名が回答した子育て意識調査（図13－1）によれば，男女ともに子どもを育てるのは楽しいと回答する者は，少しあてはまるを含めると9割を超えていた。また子育てでイライラすることが多いと回答する母親は少しあてはまるを含めると7割を超える。子育て中の母親は，子育てが楽しいという意識と育児をする際に負担感からイライラするという意識との葛藤した心情に揺れているということである。子育てを楽しいと感じる母親も，思うようにならずにイライラする。イライラするのも楽しいと感じるのも同じ母親が感じているということになる。子育て意識のもつ多面的な特徴を認識するとともに，楽しいと感じているプラスの側面に積極的にかかわっていくことが大切になる。

　しかし一方で，自分1人で子育てをしているという圧迫感を感じることがあると答える女性が3割いる。これは男性の中で感じることがあるのは1割に満たない結果であることを見ると，母親が感じている子育ての圧迫感に父親はもちろん，保育者も気付いていくことがとても重要になる。

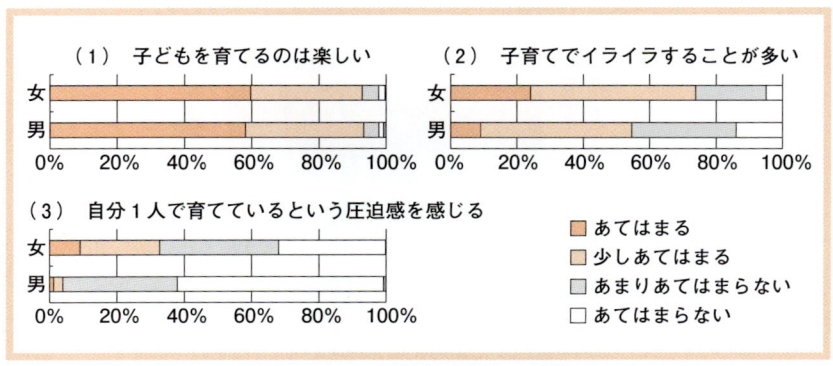

図13－1　保護者の意識の特徴

### （3） 主体的存在としての保護者と向きあう

　保育者は保護者を「〇ちゃんの保護者」として捉える。しかし「〇ちゃんの保護者」である前に，家族の中で母親でありあるいは父親であり，妻と夫であり，1人の女性あるいは1人の男性であり，自分の名前をもつ存在である。1人の人間として主体的な存在である。園の子育て支援活動の一環として，保護者のサークル活動をバックアップする例が見られる。保護者としての母親，父親だけではなく，1人の人間としても主体的に活動してほしいと願う。最近では「おやじの会」を結成し，在園児の父親が園の行事を含め積極的に参加する例も報告されている。子どもから離れた時間に見せる主体的存在としての保護者の姿も見ていきたい。

## 3　保育者としての成長の過程

### （1）　保護者とのかかわりから保育者としての新たな自分を知る

　自分という存在は他者とのかかわりの中で理解し，育っていくということを示す考え方として図13-2「ジョハリの窓」を紹介する。ジョハリとは，2人の提唱者の名前，ジョセフ・ラフトのジョと，ハリー・インガムのハリをあわせたものである。

「ジョハリ*の窓」

|  | 自分が知っている部分 | 自分が知らない部分 |
|---|---|---|
| 相手が知っている部分 | 開放領域 | 盲点領域 |
| 相手が知らない部分 | 隠蔽領域 | 未知領域 |

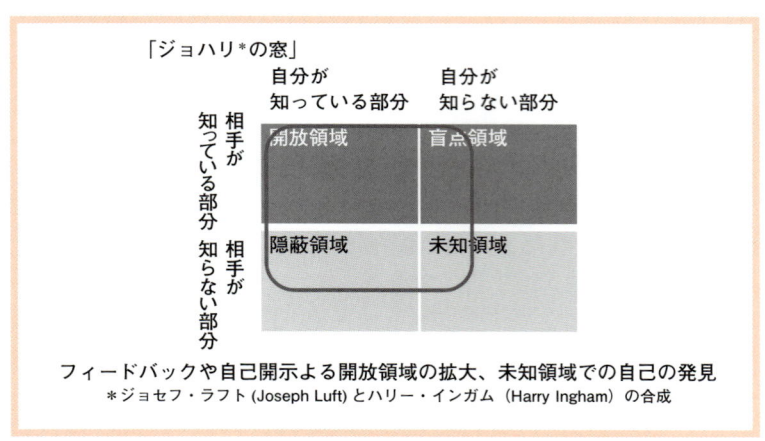

フィードバックや自己開示よる開放領域の拡大、未知領域での自己の発見
＊ジョセフ・ラフト (Joseph Luft) とハリー・インガム（Harry Ingham）の合成

**図13-2　他者とのかかわりを通して自己を理解する**

図13-2のように窓が4つある。人は必ずしもすべて自分自身を知っているわけではなく，自分が知っている部分と知らない部分を抱えている。また他者との関係で，相手に知られている部分と相手が知らない部分とをもっている。相手が知っていて自分が知らない「盲点」領域は自己理解の上で重要になる。相手からフィードバックしてもらうことで，自分を新たに知ることにつながり（例えば自分では見えないくせ），「開放領域」が広がる。同時に自分が知っていて相手が知らないこと「隠蔽領域」を開示することを通して，また開放領域を広げることができる。このように開放領域を広げながら「未知の領域」の中での自分の発見をするきっかけになるという。

　つまり，人は他者とのかかわりの中で自分を新たに知るということである。保育者として，1人の保護者に出会うことは，新たな保護者を知るきっかけになるだけでなく，自分の新たな面も知る機会となるはずである。

　他者とのかかわりを通して自分を理解するという過程は，同時に，自分と同じ考えの人はいない，同じ考えをもつひとは1人として存在しないことを認識することでもある。

### （2）　保護者に伴走する

　保護者の子どもへの働きかけのペースにイライラしたり，子どもの見方，考え方，子育て観，子ども観の違いに落ち込んだりすることがあるかもしれない。保護者それぞれのペースを尊重しながら進めたい。保育の専門家として保護者をよりよい方向に引っ張りたい，導きたい思いになりがちだが，保護者がおかれている状況，保護者の意識，思いを受け止めたうえで，いわば「保護者に伴走する」姿勢が大切になる。

## 4　生涯発達過程の一時点にある意識

### （1）　成長する主体として保護者を捉える

　保護者との出会いの中で，保育者は成長していくと説明した。また同じように保護者も成長する主体である。保護者理解の際には，支援される存

*109*

第13章　保育の場での保護者理解をめざした援助

在としての保護者がイメージされがちである。しかし保護者も成長する主体として捉えることができ，成長する主体として保護者が自身の力量を発揮できるような場が求められている。

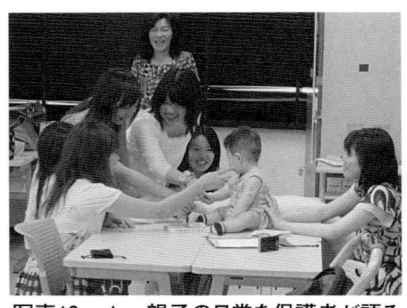

写真13－1　親子の日常を保護者が語る　　写真13－2　乳児を初めて抱っこする

　写真13－1，13－2は学生を対象にした授業で，保護者に依頼し子どもと一緒に参加してもらった実践の1コマである。授業の主たるねらいは，学生に子ども理解を具体的にしてほしいこと，現状は兄弟が少ない中で育ち，子ども理解が具体的な場面でイメージできない。授業の中で保護者とその子どもが参加することによって「親子の日常のやりとり」を具体的にイメージできる。

　この実践を通して学生は，「親子の日常のやりとり」を具体的にイメージできるのだが，同時に保護者は子育てを語ることを通して自身の力量を発揮することができる。

　保護者によれば，日常の子育てを語ることが，相手に聞いてもらえるだけでなく，「わが子をかわいい」とほめられたり，自分にとって当り前の日常を真剣に聞き入る学生に感激したり，「充実した満足感を得られる時間」であるという。

　保護者を「支援される」立場として捉えるだけでなく，保護者が「支援する」立場となりうる可能性を示唆する実践である。「保護者」が自身の力量を発揮できるように，成長する主体者としての支援のあり方を考えていくことが求められている。

## （2） 次のフィールドにつなぐ

　幼稚園，保育所で見る子どもは卒園後，新たな社会集団である小学校へ入学していく。またその後は中学校へと進学していく。当り前のことであるが，それを実践の中で意識していくことがあまり大切にされていない。つまり子どもの成長，発達を捉えていく，特に長期的な視点で捉えていくことが重要になる。子どもの発達を在園期間だけで想定することではない。日々の細やかな発達の姿を捉えることと同時に，長期的な見通しの中で発達を捉えていく姿勢が求められる。幼児期の個人差は大きく，個人差の理解は個々人の発達を長期的な視点で捉えることなく実現できない。

　だからこそ次のフィールドにつないでいくことの重要性について考えたい。子どもの入園から卒園までの期間は，生涯発達過程の一時期であることを認識したい。次のフィールドでまた新たな発達を遂げていく子どもの姿を予測しながら，次につなげていくという意識が大切である。子どもの成長の見通しを，園内だけでなく，卒園した後まで広げて考えていきたい。つまり次のフィールドで生き生きと成長できることをめざす，いわば生涯発達過程の1時点にあるという立場から，次につなぐという気持ちで子どもを見ていきたい。幼児期の子どもの姿の理解や園での対応が，小学校期の子どもの姿の理解や対応に生かされるようにということである。

## （3）　循環型社会の意識をもつ

　「子育て支援を大切にする社会へ」という声は様々な機会で伝えられるようになってきた。その際，子どもを育てる保護者が支援されるという一方向的な関係では，保護者が主体的存在として生かされない。これからの子育て支援を考える際に，子どもの成長・発達に立ち会う専門家の1人として，保育者は保護者が主体的存在として生かされる循環型社会の意識をもつことが必要になる。

　ここでの循環型社会の意識とは，

**図13-3　子育て力の循環型社会の構築**

子育て力の循環型社会の構築をめざすもので，「育つ」過程にある子どもの成長をめざした子育ち支援，「育てる」過程にある親の成長をめざした親育ち支援，そして支援することを通して支援者が「育てられる」支援，これらすべての支援が大切にされる支援である。つまり地域の中ですべての人が主体者として生かされる社会の実現への取り組みとも言える。保護者を支援することを通して保育者も「育てられ」，「育てる」過程にある保護者の成長もめざした「親育ち支援」としての「子育て支援」。子ども自身も一時的でなく，長期的な視点で「育つ」過程にあるという，子どもの成長をめざした「子育ち支援」をめざしたい。

生涯発達の中でこれらが循環する社会に主体的に身をおける地域こそ，地域としての力をもつ地域でもあろう。地域は，ただ「住む」だけではなく，だれもが「主体者として」「生活する」ことを通して「成長」できる場であることをめざしたい。

### 課題

1. あなたの住む地域に子どもや家族を支援する専門機関はどのようなものがあるか調べてみよう。
2. またそれらの専門機関のネットワークについても調べてみよう。

### ■文献

・吉川はる奈・金子京子：中学生と大学生を対象にした保育学習における実践的研究　埼玉大学教育学部教育実践総合センター紀要　p.171-179（6）　2007
・浜谷直人・中川信子・市川奈緒子・西本絹子・古屋喜美代・吉川はる奈：特集　保育・教育への臨床発達実践を可視化する―巡回相談の全体像　p.61-88　114（29）　2008
・首藤敏元・重川純子・吉川はる奈・伊藤嘉与子：平成20年度埼玉県福祉部少子政策課委託研究事業　ワークライフバランス推進のための調査研究報告書　2008
・吉川はる奈：体験的子育て理解教育の実践―子育て中の親へのインタヴューから―　日本保育学会第62回大会発表資料　2009
・諏訪きぬ　ほか：特集「父親・母親・保育者3万人の声」から見えてきた子育てと保育　新しい子育て支援のあり方を求めて　発達　p.1-60　114（29）　2008

# 第14章 保護者理解をめざした援助の実際

本章では,事例を通して保護者理解をめざした援助の実際について学ぶ。はじめに事例を紹介し,次に事例を考えるポイントについて解説する。

## 1 母親の不安を受け止めて

### 事例14-1　母親の成長を支えた幼稚園の事例

　3歳児ナオコは入園後,幼稚園に慣れるのに時間がかかった。とにかく登園してくるのだが,保育室になかなか入らない。いやがるナオコに母親はオロオロする様子で,その間にほかの子どもたちがどんどん準備を終えて送ってきた保護者と別れ,保育室で遊びはじめる。入園後3歳児が慣れるのに時間がかかるのはめずらしいことではないと保育者は思うが,母親はとにかく不安そうである。保育者が無理せずゆっくり慣れていきましょうと,声をかけるが,母親の表情は硬い。ナオコがにっこり笑って母親と別れなければ,安心して家にもどれないということであろうか。母親は本当に不安そうで表情が硬い様子が全く変わらず,なかなか家に帰ろうとしない日が続く。

　実は保護者面談の際,保育者は「ずいぶん過保護な家庭だな」との印象をもったという。入園前の説明会には母親だけでなく母方の祖父母も一緒にやってきた。入園後には,家庭で準備をお願いしたものは,祖父母が用意してくれたというエピソードを母親から聞いた。また母親からは毎日お便り帳に「…の場合にはどうすればよいでしょうか」と細かな質問が書かれる。母親の不安が強いことは確かであり,とにかくまずその不安を受け止めようと保育者で話し合ったのだった。

　母親の不安の受け止めには,ナオコを受け止め遊びを充実させるなど育ちの援助が欠かせない。

第14章　保護者理解をめざした援助の実際

　　　保育者のていねいな受け止めもあり，ナオコは静かな空間で少しずつ落ち着いて遊ぶ時間が増えていった。しかし母親の表情は相変わらず硬く，不安な表情でナオコを連れてくる。少しずつ自分の世界を広げているナオコと同じように，母親にもナオコ以外の世界を見てほしいと保育者は考えていた。
　　　母親は送迎の際に園長と主任保育者に話をするようになっていった。はじめはナオコの話ばかりであったが，そのうちに，連絡帳の話をきっかけに「書くことが好きで苦にならないこと」や，「出産前にバリバリ仕事をしていたこと」「やっとさずかった子どもであること」「低体重で生まれて生死をさまよい，手術したり，入院も長かったこと」「自分も体調をくずしたこと」「祖父母にも大事にされて，大事にされすぎてなかなか慣れない」「私がそうしてしまったのかもしれない」などなど自分の話をするようになった。保育者は，「当初保護者に抱いていたイメージと異なるなあと思った」と言う。
　　　その後保育者は，ナオコが少しずつ園に慣れてきたこともあり，母親に世界を広げてほしいとさらに思うようになった。何でも連絡帳に手紙を書いてくること，書くことが好きという，保護者の話をきっかけに保護者で活動している人形劇サークルに参加してみることを勧めた。人形劇サークルは毎週活動しながら，年に3回の人形劇の公演に向けて準備している。園の子どもたちむけに，台本をつくり，人形をつくり，保護者のオリジナルで進める。定期的に園にきて活動することになるので，ナオコの様子が気になる母親にとっては参加しやすいサークルであった。
　　　すぐに参加を始めたナオコの母親は次第に，人形劇の台本を執筆したりしながら，グループでの活動に積極的に参加するようになっていった。

## （1）子どもの心身発達の状態を確認する

　保護者を理解する際に，子どもの状態を確認することが必要であることは言うまでもない。子どもが安心して園に通えていないという状態であれば，保護者が不安を感じるのは当然のことである。その意味ではナオコの母親が，園に慣れにくいナオコの入園当初の様子に不安を抱くのは無理もない。
　しかしナオコの母親の場合，ナオコが次第に園に慣れていった時期もまだ大きな不安を感じているようで，母親に継続的な支援をしていく必要性を保育者は感じたということになる。

このように，子どもの心身発達の状態を確認することは，保護者理解をめざす上で必要なことの1つである。

## （2） 母親が主体者になれる場を提供する

　事例14−1では，ひとりっ子のナオコを大事に育てる母親が入園時に不安を訴えるところから援助が始まる。保育者は母親に対して，祖父母に何でも頼る母親になりきれていない母親，という印象をもっていた。しかし細かな多くの不安をぶつける一方で，最近ではめずらしいほどていねいな言葉づかいのしっかりした文章でお礼の手紙を書いてくる。手紙の内容をほめると，希望して高齢出産になったわけではないが，出産前まで仕事をこなし，文章を書く機会が多かったとのことだった。

　母親の子どもにかける思い，ナオコの生育歴，家族の中から初めて集団に入れるという不安に加え，ナオコも緊張の強いタイプで表情がなかなかほぐれず，登園をしぶるなど，母親の不安がさらに強くなっていた。

　手紙をきっかけに母親自身の話をすることで，母親が「過保護」と思える背景が見えてきた。母親が，本を読んだり文章を書いたりすることが好きなことを聞く。保育者はナオコの不安は母親の過剰な不安も大きく影響していると捉えていた。そこで，母親に自信を取りもどしてもらいたいという気持ちで，園の保護者が参加している人形劇のサークル活動を勧めた。人形劇サークルは保護者で週に1度定期的に園で活動しているが，年に3回，子どもたちの前で人形劇を披露する。人形も台本も手づくりの活動で，本が好きで，文章を書くのが苦にならない母親には抵抗なく参加できると思ったそうだ。また何よりも母親がナオコの園への適応に不安を抱いているが，サークル活動で園に通うことで母親がナオコの様子を確認できると安心することもできる。無理に離すのではなく，ナオコの成長を確認しながら，母親自身が活動に参加できれば母親もナオコも安心であろう。

　さらに母親自身が主体者として活動できることは，母親が自信を取りもどすことにつながる。支援されるばかりでなく，事例のように子どもに人形劇を披露していくという形で母親自身が支援する側として活躍できるこ

とは，母親の力量を生かすという点で重要な意味をもつ。

## (3) 援助のしかたを変えていく

　援助のしかたを変えていくということも重要である。

　入園間もないころは，とにかく母親の表情も硬く，質問して不安ばかり訴えている印象だった。保育者から見れば大した心配な事項ではないことでも，慣れない母親から見れば1つ1つが不安な要素になる。まず，母親が不安を訴えていることを受け止めることが大切になる。

　図14-1のように，保護者を下からしっかり支えるという関係である。この援助の中で，母親は抱えていたこれまでの事情，子育てへの思いを語っている。保育者の方から無理に方向づけたり，引っ張ろうとするのではなく，保護者が進もうとしている後ろから支える形である。

　しかしずっと同じ関係は必要ではない。母親は，担任保育者に勧められ人形劇のサークルに入ることになる。活動に参加する中で少しずつもっている力を発揮するようになる。保育者に直接支えられるのではなく，ほかの保護者と交流する中で，関係づくりも広げていった。保育者の援助は，母親とほかの保護者との関係を間接的に支えていく（図14-2）という援助に変わっていった。

　子どもたちの前での人形劇の発表に向けた準備の中で，子どもたちがどうしたら楽しんでくれるか，ということを母親仲間と話しあいながら準備を進める中で，園の子どもたちのことを考え合う，わが子の育ちを客観的に考えるきっかけにもなったようだ。そして保護者同士の間で話しあいながら準備を進める中で，時に保育者に力を借りることもある。

　直接支えられなくても，間接的に支えることで，保護者の本来の力が発揮されていった。

　保育者の保護者との関係づくりも，このように援助のしかたを変える中で時間をかけて柔軟につくりあげていくことが必要であろう。

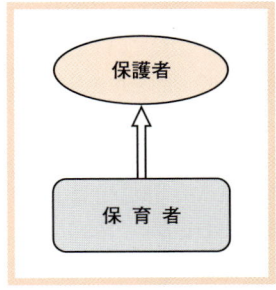

図14−1　直接的に支える

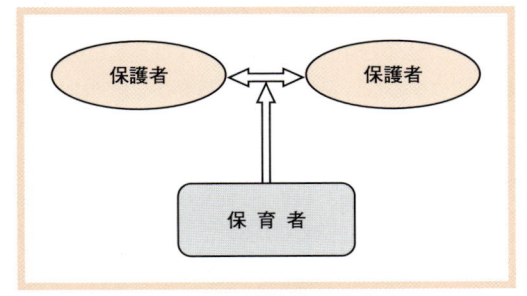

図14−2　間接的に支える

## 2　母親と協力して

**事例14−2　子どもの発達のつまずきを支援した保育所**

　5歳児コウタの保育室に入ると壁に2つのカレンダーが貼ってある。登園するとクラスの子どもたちがそれぞれ2つのカレンダーを確認しながら、「きょうは…があるんだね！」「もうすぐ…だよねえ」など、友達との会話の中で、今日の予定や今月の行事について、楽しそうに話題にしている。自分の身の回りの支度をしながら、このような会話をしている様子は幼児とは思えないほど、たくましく見える。12月ころからの朝の光景だと言う。

　このようにクラスのカレンダー前が子どもたちのキーステーションになり、会話が生まれ、子どもたちの行動をより主体的に積極的にしているようにも見えると保育者は語っている。1つのカレンダーは「今日の1日のスケジュール」、もう1つのカレンダーは「今月のカレンダー」。それぞれ、保育者がマジックで紙に書いた手製のカレンダーで、保育室の入り口近く、前の壁に並べて貼ってある。

　2つのカレンダーを貼るのはコウタの混乱を少しでも減らそうとして取り組む中で生まれた。その取り組みが、ほかの子どもにとっても混乱が少なくなることにつながり、それどころかクラス全体が先の見通しをもちながら、主体的にいきいきと生活するようになった。保育者がコウタを含むクラス全体の成長を保護者と共に情報交換しながら、支援の方向を考えてく中で、2つのカレンダーの活用は生み出されたものである。

　コウタは発達障害を疑われる男児である。3歳児で保育所に入園して以降、保育者によれば頻繁にパニックを起こした。

様々な機会にパニックを起こし（実はコウタにとっては結果としてパニックを起こしたにすぎないのだが），クラスは混乱した。保育者がていねいに見ていくと，コウタのパニックは，次の行動が予想できない不安や混乱から周囲をかき乱す状態に陥るように見えた。例えば楽しそうに製作をしているように見えても，場面を切り替えて園庭に出ようとなると，混乱する。特に普段と異なる保育の流れになる日は決まって混乱した。保育者はコウタの特徴を次の行動が予想できない不安から混乱するのだと把握し，母親とよく連絡をとりながら，次の日の予定をコウタにあらかじめ伝えたり，普段と異なる予定を予告したりして混乱をできるだけ減らすように心掛けた。

その結果，次第にコウタが混乱することは減ってきた。しかし保育者と母親はコウタの成長を喜びながらも，さらにコウタが自分自身で混乱を回避できる手掛かりを見つけられないかと話し合った。その中で，コウタが自分で予定を目で見て確認することができればということになった。

試行錯誤を重ねながら，その日の日課と1か月のカレンダーが保育室のコーナーに貼られることになった。

はじめはそのカレンダーをコウタが確認しているだけだったが，次第に，他児が興味を示し確認して話題にするようになっていった。クラス全員が，自分の身近なカレンダーを積極的に活用しながら，その日の予定や未来の予定について語り合うきっかけにもなっていった。もちろん，コウタがカレンダーをのぞきこむ横から「今日は…なんだよね〜」という仲間からの声かけも生まれることになった。カレンダーをきっかけに，クラスの仲間で今日の活動や明日の活動への期待を伝え合うようになっていった。

## （1） 子どもの問題行動ではなく発達特徴を捉える

「コウタのパニックをどうしたらよいか」担任保育者はずいぶん悩んだはずだ。「パニックをなくす方法」を考えるというのでは，問題は解決しない。

外側に見える問題行動，パニックにとらわれるのではなく，コウタがなぜそのような行動を見せるのか，困難を訴えているのかについて，踏み込まないとコウタの気持ちに迫れない，と保育者間で話しあった。担任はコウタの姿全体をよく見，記録しながら子どもの発達特徴を整理していった。同時に母親にも家での様子について情報を求めた。コウタの生活全体を理

解し，その上で目の前の行動を理解しようとしていた。次第に，パニックの裏側にある理由が見えるようになった。担任もコウタの行動が予測できるようになったという。そして予想ができないことが不安なら，予想ができるような手がかりを考えていけばよい。母親と協力しながら次の見通しがもてるように，事前に予定を説明するようにし，さらに視覚的に理解しやすい特徴を生かしてカレンダーのアイディアが生まれた。

### （2） 保育観・育児観を伝えあう

　保育者と母親はコウタのパニックをめぐり，その裏側にある子どもの発達特徴や困難さについて日常的によく話しあっていた。その中でどのように育てたいか，ということも率直に伝えあい，まさに保育者と母親とで並んで支え合うという関係がつくられていったと言える。

　「コウタが自分で積極的に混乱を回避できるようにしたい」という母親の願いが，カレンダーという提案になった。そして保育者は，「コウタと保育者だけのカレンダーではなく，クラスの全員に開かれているカレンダーにしたい」と提案した。「コウタを大切に育てることが，クラスの子どもたち全員も大切に育てることにつながっていく」という保育観。コウタにとって大切なカレンダーが，クラスの子どもたちにとっても大切なものとなったとき，クラスの子どもたち全員の成長をしっかり感じることができたことは言うまでもない。母親の育児観，保育者の保育観を伝えあう関係の中で，実現された取り組みである。

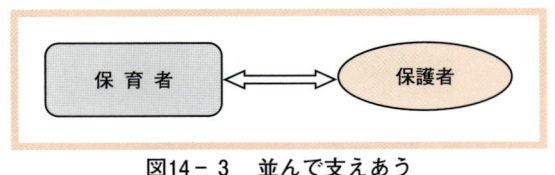

図14-3　並んで支えあう

## 3 おわりに

　以上，事例を通して保護者理解をめざした援助の実際について考察した。現代の子どもと家族をめぐる状況は様々な問題をはらみ，子育てしにくい時代とさえ言われる。その中で保育者に求められる役割も大きくなってきていることは否めない。

　保護者を理解するとは，１人の保護者のみを理解しようとして成り立つものではない。視点を柔軟にし，目の前の子ども理解や保護者の育児観，そして保育者自身は何をめざしているのかということを確認しながら進めていきたい。

---

**課　題**

　保育現場では，保育者以外の専門家と協働して子どもと家族の援助を行うことが求められるが，どのように協力していくことができるか，事例の中で考えてみよう。

# 第15章 受け入れがたい行動の理解と援助のために

　幼児理解と援助は，研修という形も含めて，保育者になってからも学び続けていくテーマである。保育者になる前段階として，最後の章では，何で？どうして？と感じてしまう受け入れがたい行動の理解と援助について考えてみたい。

## 1　学生の実習での事例から

> 　アヤが「だるまさんがころんだがやりたい」と言い，園庭で4人の子どもたちと一緒に遊びはじめたところに，ナナがやってきた。ナナは「おままごとをしよう」と言って私の手を引いていこうとした。私は「今，アヤちゃんたちと遊んでいるんだ」とナナに伝えて，ナナも含めてアヤたちと話しあった。なかなか話がまとまらなかったので，私が「みんなで仲良く遊ぶにはどうすればいいかな？」と言うと，アヤが「アヤちゃんたちがナナちゃんの仲間に入って遊べばいいんだよ」と言い，ナナも「両方やろう」と言って話がまとまって遊びはじめた。しかし，やりたい遊びが違うためか，次第に遊びが壊れてしまった。アヤは遊びを引っぱっていくナナと遊びたくなくなってしまったらしく，1人で砂場の所にしゃがんでしまった。アヤに近づくと「もうアヤちゃんに構わなくていいよ。ナナちゃんの所に行って」と寂しそうに言った。私は，そういう言葉を言わせてしまったことに負い目を感じて少し離れて様子を見ていたが，アヤの気持ちを受け止めようと思って「アヤちゃんはだるまさんがころんだをやりたいんだよね」と言葉をかけて一緒にやろうとした。しかしお帰りの時間になってしまい「今日はできなかったね」とアヤは言った。アヤに悲しい思いをさせてしまった。

事例について学生たちと話しあう中で、この学生は、子どもたちのやりたいことが違うことが分かっていたのに、「みんなで仲良く遊ぶにはどうすればいいかな？」という言葉かけをしてしまったことについて、一緒に遊んでほしいという自分の思いを押しつけてしまったのではないかとふりかえった。そしてアヤとナナのそれぞれの気持ちにどう対応すればよいのかに戸惑って態度があいまいになってしまい、アヤの気持ちを受け止めてあげられずに悲しい思いをさせてしまったことを反省していた。しかし話し合う中で、受け止めてあげられなかったのはアヤの気持ちではなく、ナナの気持ちなのではないかという意見が出た。学生にはアヤの気持ちは痛いほどよく分かっている。しかし記録を読んでも、また話しあいの中でも、口調が強く、周りの子どもたちを言いなりにさせるナナの行動については、どうして？というクエスチョンマークがつく発言だったのである。

## 2　受け入れることと受け止めることの違い

　事例について話しあっていく中では、受け入れることと受け止めることはどこが違うのかという疑問も出てきた。あなたはどこが違うと考えるだろうか。

　筆者が考えるに、受け入れることとは、その行動や思いが自分の中にしみ入るように入ってくる、すんなりと飲み込めることである。同感できることと言ってもよいだろう。学生の事例で言えば、アヤの気持ちである。子どもたちとそのような気持ちで過ごせたら幸せだろうが、日々の生活を共にしていく中では、すんなりと受け入れられることばかりに出会えるわけではない。受け入れがたい行動にも必ず出会うことになる。受け入れがたい行動とは、その行動が飲み込めずに、どこか引っかかることである。何でそういうことするの？どうしてそういうことを言うの？という否定的な感情を伴った見方になってしまう行動である。学生の事例で言えば、ナナの行動である。行動が受け入れられなければ、その思いを理解することなど到底できはしない。

受け入れることに対して，受け止めることとは，子どもの気持ちを感じ取ろうとすることである。その行動には納得できないにしても，その行動をしてしまう子どもの理由を理解しようとして，だからそうなっちゃうんだねと子どもの姿に自分の姿を重ねあわて感じ取ろうとすることである。子どもの気持ちに「そう，そうだよね」と同感することまでや，子どもの思っていることを実現させることまでは含まない。つまり本書のテーマである理解とは，受け止めようとすることである。

　この章に至るまでに何度も述べられてきているが，だれにもこれまで生きてきた中で培ってきた価値観がある。例えば人を侮辱することは許せないなどの，こういうことをしたくない・されたくないというその人自身の価値観がある以上，すべての行動をそのまま受け入れることは私たちにはできない。しかし受け止めようとすること，理解しようとすることは，努力によって可能になる。例えば事例のナナについて考えてみよう。強い口調で話し，自分の思いどおりに物事を進めていくナナの行動は，アヤの気持ちがよく分かって受け入れていたこの時の学生には受け入れがたかった。しかしほかの場面でのナナの様子などを聞いていくと，1人で遊んでいることが多いなど，また別のナナの姿が浮かんでくる。もしかすると強い態度を示さないと，友達の中に入れないのかもしれない。自分が思うとおりに周りが動いてくれることで自分の存在を確認しているのかもしれない。話をしている中で推測でしかないが，ナナの行動の理由のようなものが浮かんでくる。そのようにして，受け止めようとした時には，何でそういうことするの？どうしてそういうことを言うの？というナナへの否定的な感情は消えて，切なさや愛おしさのような感情が伴ってくることだろう。

　受け入れがたい行動に対して，子どもの思いや理由を理解しようとせずに注意し続けるだけでは，援助とは言えない。もちろん，そういう行動をしてほしくないという保育者の願いを伝えることは大切である。しかしただ子どもに注意するだけならば，通りすがりの人にでもできる。受け入れがたい行動を受け止めようとした上で（なぜ，そうしてしまうのかを理解しようとした上で），援助の手だてを考えるところに，保育者の専門性は発揮

される。その際に気をつけたいことを以下にあげてみる。

- 自分の気持ちと子どもの気持ちは別である（例えば、それは自分がいやなのか、子ども自身がいやだと思っているのかを区別する）。
- 子ども自身と子どものその行動は別である。
- どんな行動にも理由がある。

　受け入れがたい行動については、私たちそれぞれがもつ価値観に反するために、強い感情に支配されてしまいがちなので、自分でふりかえるだけでは受け止めようとしても難しい場合が多い。そういう場合には、自分がその行動を見ている見方とは違う見方に出会うことで、自分の感情から距離を置いてその行動を受け止めることができるようになるので、ほかの人の力を借りること、話しあうことが大切になる。

　また、受け入れがたい行動を受け止めようとすることは、第2章から4章でのワークとリンクしている。自分自身の欠点や嫌いなところ、つまり受け入れがたいことを、人とのかかわりの中で受け止められるようになることも理解という点では同じだからだ。そしてまた、理解と援助については子どもに対してよりも、第13、14章で学んだ保護者の思いを受け止めることの方が、相手が大人である分、許容度が下がってしまうために難しいかもしれない。子どもや保護者の受け入れがたい行動も、その背景や理由や事情や立場の違いを考慮しながら受け止めていこうとする経験を積み重ねていくことと、ダメだなあと思う自分の一部も受け止めていけるようになっていくこととは両輪になって、子どもや周りの人々への理解と保育者自身の理解を深めていくのだと思う。

## 課題

1. 実習で受けれがたい行動に出会った時の記録をもとに，あなたがどのような行動を受け入れがたいと感じるのかをふりかえってみよう。記録に基づいて友達と話しあいながら，その子どもの思いを受け止める努力をしてみよう。
2. 第1章の課題をもう一度やってみよう。前に書いた文章と，どこが違うのかを考えてみよう。

●編著者●
田代 和美（たしろ かずみ）　和洋女子大学人文学部教授

●著　者●（50音順）
金澤 妙子（かなざわ たえこ）　大東文化大学文学部教授
金 瑛珠（きむ よんじゅ）　鶴見大学短期大学部教授
守 隨 香（しゅずい かおり）　共立女子大学家政学部教授
村中 李衣（むらなか りえ）　ノートルダム清心女子大学人間生活学部教授
吉岡 晶子（よしおか あきこ）　元十文字学園女子大学非常勤講師
吉川 はる奈（よしかわ はるな）　埼玉大学教育学部教授

幼児理解と保育援助

2010年（平成22年）3月10日　初版発行
2024年（令和6年）9月30日　第6刷発行

編著者　田　代　和　美
発行者　筑　紫　和　男
発行所　株式会社 建　帛　社
　　　　KENPAKUSHA

〒112-0011　東京都文京区千石4丁目2番15号
　　　　TEL　(03) 3944-2611
　　　　FAX　(03) 3946-4377
　　　　https://www.kenpakusha.co.jp/

ISBN 978-4-7679-3232-3　C3037　　亜細亜印刷／田部井手帳
©田代和美ほか, 2010.　　　　　　　Printed in Japan
（定価はカバーに表示してあります）

本書の複製権・翻訳権・上映権・公衆送信権等は株式会社建帛社が保有します。
JCOPY〈出版者著作権管理機構　委託出版物〉
本書の無断複製は著作権法上での例外を除き禁じられています。複製される場合は、そのつど事前に、出版者著作権管理機構（TEL03-5244-5088, FAX03-5244-5089, e-mail : info@jcopy.or.jp）の許諾を得て下さい。